यह पृथ्वी तुम्हें देता हूँ

यह पृथ्वी तुम्हें देता हूँ

मार्कण्डेय

भूमिका
डॉ. राजेन्द्र कुमार

समन्वय एवं सम्पादन
दुर्गा प्रसाद सिंह

कथा प्रकाशन, इलाहाबाद
की ओर से वितरित

लोकभारती प्रकाशन
पहली मंजिल, दरबारी बिल्डिंग, महात्मा गाँधी मार्ग इलाहाबाद-1

कथा प्रकाशन, 60-सी, थार्नहिल रोड, इलाहाबाद-1
द्वारा प्रकाशित

वितरक
लोकभारती प्रकाशन
पहली मंजिल, दरबारी बिल्डिंग, महात्मा गाँधी मार्ग
इलाहाबाद-211 001
वेबसाइट : www.lokbharatiprakashan.com
ईमेल : info@lokbharatiprakashan.com
शाखाएँ : 1-बी, नेताजी सुभाष मार्ग, दरियागंज
नयी दिल्ली-110 002
अशोक राजपथ, साइंस कॉलेज के सामने
पटना-800 006 (बिहार)

प्रथम संस्करण : 2013

आवरण : सस्या

इण्डियन प्रेस प्रा.लि.
इलाहाबाद द्वारा मुद्रित

EH PRITHVI TUMHEIN DETA HUN
by Markandey

ISBN : 978-81-8031-749-1

मूल्य : 250.00

पूर्वकथन

मार्कण्डेय की कविताओं का संकलन 'यह पृथ्वी तुम्हें देता हूँ' पाठकों के बीच जा रहा है। मार्कण्डेय बतौर कथाकार आजादी के बाद के हिन्दी-साहित्य में समादृत नाम है लेकिन एकांकी और कविता की विधा में भी वे रचनारत रहे। एक कवि के रूप में ख्याति पाने की चाह खुद मार्कण्डेय के भीतर नहीं थी, इस तरह का मन्तव्य उन्होंने १९५६ ई. में 'नया साहित्य' प्रकाशन से प्रकाशित कविता-संकलन 'सपने तुम्हारे थे' की संक्षिप्त भूमिका में जाहिर किया है। लेकिन कविता या कोई भी रचनात्मक विधा सिर्फ ऐसी चाहों, ख्वाहिशों, मन्तव्यों से ही नहीं रची जाती अगर ऐसा होता भी है तो रचना इसका खुलासा भी कर देती है। किसी भी रचना में अपने रचनाकार के बारे में बताने की खूबी मौजूद होती है। खैर...

मार्कण्डेय के इस ताजातरीन काव्य-संकलन का महत्त्व उनके काव्य-रूप से पाठकों के परिचित होने में तो है ही दूसरा जो उसका महत्त्व है वह उनके रचनाकार और साहित्य-संस्कृति के संगठक व्यक्तित्व से जुड़ा है, जो खासा दिलचस्प है। वरन् तो कविता और पाठक के बीच ऐसी बातों से परहेज ही रहता।

मार्कण्डेय ने कविता, कहानी, एकांकी तीनों विधाओं में एक साथ लिखना शुरू किया था। यह समय था १९४६ ई. से १९४९ का, जब वे प्रतापगढ़ में रहकर माध्यमिक शिक्षा की डिग्री पाने के लिए पढ़ रहे थे। वहाँ वे दो व्यक्तित्वों के प्रभाव में आये। एक थे, उस समय कालाकाँकर में रह रहे कवि सुमित्रानन्दन पन्त और दूसरे समाजवादी आचार्य नरेन्द्र देव। मार्कण्डेय एक तरफ स्कूल से छूटकर पन्त जी से मिलने पहुँच जाते और दूसरी तरफ नरेन्द्रदेव द्वारा चलवायी जाने वाली मार्क्सवाद की कक्षाओं में शामिल रहते। प्रतापगढ़ में किसानों की भयावह दारुण स्थिति किशोर और युवावस्था की सन्धि पर खड़े मार्कण्डेय को अलग से आन्दोलित करती थी। यह समय अंग्रेजों की गुलामी और उससे आजादी का भी सन्ध्या-समय था। आजादी के आन्दोलन के दौरान गाँव-गाँव में रामलीला कमेटियाँ और नाट्य समितियाँ स्थापित और नियमित हो चुकी थी। मार्कण्डेय इसमें भी बढ़-चढ़कर हिस्सा लेते थे। कविता, कहानी, एकांकी तीनों विधाओं में एक साथ लिखने की पृष्ठभूमि यही थी। इलाहाबाद आने पर उन्हें जो माहौल मिला उसमें वे क्रमशः कहानी-लेखन की तरफ झुकते चले

गये। यह दौर १९८४ ई. तक चला जिस समय उनका उपन्यास 'अग्निबीज' और कहानी पर क्रिटिकल नोट्स का संकलन 'कहानी की बात' छपी। इसके बाद १९९० ई. तक पूरा सन्नाटा, जैसे मार्कण्डेय के रचनात्मक जीवन का अन्त...। प्रस्तुत संकलन 'यह पृथ्वी तुम्हें देता हूँ' की कविताएँ सन्नाटे की तरह दिखनेवाले इसी दौर में लिखी गयीं।

१९८२ ई. में साहित्य-संस्कृति के क्षेत्र में एक और बात घटित होती है। देश में आपात्काल के दौरान प्रगतिशील लेखक संघ के कुछ नामी लेखक उसके समर्थन में खड़े हो गये। इससे उत्पन्न हुए द्वन्द्व के फलस्वरूप १९८२ ई. में जनवादी लेखक संघ का गठन हुआ। मार्कण्डेय इसके राष्ट्रीय उपाध्यक्षों में रखे गये। नये संगठन को स्थापित करने की एक बड़ी और तात्कालिक चुनौती थी जिसे मार्कण्डेय ने स्वीकार किया। इलाहाबाद में अब वे एक रचनाकार से आगे बढ़कर साहित्य-संस्कृति के संघटक की भूमिका में थे। इस भूमिका के महत्त्व का पता इस दौरान साहित्य-संस्कृति के क्षेत्र में तैयार हुई प्रगतिशील, सेकुलर, जनवादी युवा पीढ़ी से तो चलता ही है दूसरी जो खास महत्त्व की बात है कि १९८० ई. का दशक वह समय बिन्दु है जहाँ से हमारे आस-पास का, देश का वर्तमान बनना शुरू होता है। वैश्विक पूँजी, आक्रामक हिन्दूवादी साम्प्रदायिकता, जातिवाद यानी मनुष्यताविरोधी सारे तत्त्व इस देश और समाज में संगठित रूप में इसी दशक में सक्रिय होते हैं। १९९० ई. के दशक में उदारीकरण की नीतियों के लागू होने, बाबरी विध्वंस-जैसी घटनाओं के रूप में वे सामने भी प्रकट होती हैं। '८० का दशक इन सबके लिए भू-चिह्न स्थापित करता है। इसे लेकर आम आदमी के पक्ष में, मनुष्यता के हामीदार साहित्यकार सिर्फ साहित्य रचना तक अपने को सीमित नहीं रख सकते थे। यह दशक राजनीतिक कविता का दशक था जिसका स्वर साम्प्रदायिकता और साम्राज्यवाद विरोधी था। मार्कण्डेय भी इसमें अपना स्वर मिला रहे थे। वे भी कविता लिख रहे थे। यहाँ वे अपने रचनाकर्म का प्रमाण नहीं दे रहे थे बल्कि वे आसन्न संकट को पहचान रहे थे और अपनी भूमिका को नये सिरे से रेखांकित कर रहे थे।

प्रस्तुत काव्य-संकलन तीन हिस्से में बँटा है। पहला हिस्सा 'यह पृथ्वी तुम्हें देता हूँ' का है जिसमें १९८६-८७ ई. के बीच लिखी गयी कविताएँ हैं। दूसरे हिस्से में १९५२ से १९५५ ई. के बीच की कविताएँ हैं, जो 'सपने तुम्हारे थे' में संकलित नहीं हो पायी थी। इसमें कुछ छोटे-छोटे गीत भी शामिल हैं। इन गीतों का प्रसारण उस समय रेडियो से भी हुआ था। तीसर हिस्से में 'सपने तुम्हारे थे' संकलन ज्यों-का-त्यों है।

इस संकलन की भूमिका आलोचक और कवि डॉ. राजेन्द्र कुमार ने लिखी है। मार्कण्डेय के इस काव्य संकलन को सामने लाने में उनकी पत्नी विद्यावती सिंह एवं बड़ी बेटी डॉ. स्वस्ति सिंह की इसके प्रकाशन को लेकर उठने वाली चिन्ता और

जिज्ञासा की महती भूमिका रही वरना तो अब आयी, तब आयी में दो-तीन साल तो गुजर ही जाते बाकी उनके परिवारजन, मित्र, जो इसके प्रकाशन के श्रेय में भागीदार हैं उन्हें अलग से आभार देने की बजाय उन सबकी तरफ से डॉ. राजेन्द्र कुमार के प्रति आभार प्रकट करते हुए मार्कण्डेय का यह महत्त्वपूर्ण रचनाकर्म काव्य-संकलन के रूप में आपके सामने है।

द्वारा मीना राय
२६७, पुराना कटरा,
इलाहाबाद-२११००२

दुर्गा प्रसाद सिंह

भूमिका

मार्कण्डेय की ख्याति एक कथाकार के रूप में विशेष है। लेकिन उन्होंने लिखना शुरू किया था, कहानी के साथ-साथ कविता में भी हाथ आज़माते हुए। सन् १९५४ में उनका पहला कहानी-संग्रह 'पान-फूल' नाम से आया था। अपने पहले और अब तक के एकमात्र प्रकाशित कविता-संग्रह 'सपने तुम्हारे थे' में खुद मार्कण्डेय ने सूचना दी थी कि "इस संकलन में उनकी, १९५६ से पहले की प्रायः सभी कविताएँ दे दी गयी हैं।" इससे यह अनुमान लगाना अनुचित न होगा कि सन् '५० के दशक में मार्कण्डेय के लेखन में कहानी और कविता लगभग साथ-साथ चले होंगे। लेकिन फिर यह भी कि अपनी अभिव्यक्ति के मूल माध्यम के रूप में कथा-विधा को तरज़ीह देने का निर्णय करते उन्हें देर न लगी होगी। नहीं तो, कविता के बारे में वे यह क्यों कहते कि "मैं कभी-कभार फ़ुरसत के समय ही इस माध्यम पर सोच पाता हूँ।" उन्हें अपने समय के उदीयमान कहानीकारों के बीच ही अपनी जगह तलाशनी उचित लगी। तभी तो 'सपने तुम्हारे थे' नामक कविता-संकलन को प्रस्तुत करते समय उन्हें यह बता देना भी ज़रूरी लगा-"प्रस्तुत संकलन के साथ कवियों की लम्बी पाँत में खड़े होने की इच्छा भी मेरी नहीं है।"

'सपने तुम्हारे थे' के बाद उनका फिर कोई दूसरा काव्य-संग्रह नहीं आया। इस बात का कोई अता-पता भी नहीं था कि कवि-कर्म में मार्कण्डेय की दिलचस्पी बची भी है या नहीं। लेकिन फिर सन् २००६ की जनवरी में सतीश जमाली द्वारा सम्पादित पत्रिका 'नयी कहानी' का अंक एकाएक हाथ लगा। देखा, उसमें मार्कण्डेय की भी छह कविताएँ थी। मार्कण्डेय जी से पूछा तो पता चला कि ये कविताएँ १९८० के दशक में लिखी गयी कविताओं में से छाँटकर 'नयी कहानी' में छपने को दी गयी थीं। इस तरह यह भेद खुला कि मार्कण्डेय ने अपने कवि को 'सपने तुम्हारे थे' के साथ कोई अन्तिम विदाई नहीं दे दी थी। अलबत्ता काव्य-रचना के क्षेत्र में एक लम्बा मौन ज़रूर उन्होंने साध रखा था, जो शायद सन् '८० के दशक में टूटा-भले ही बहुत थोड़े समय के

लिए ही सही! '८० के दशक में लिखी अपनी कविताओं के प्रकाशन की तैयारी भी वे कर रहे थे। लेकिन उनके निधन से इस तैयारी का पटाक्षेप हो गया।

बहरहाल, प्रस्तुत संग्रह में मार्कण्डेय के पहले काव्य-संकलन 'सपने तुम्हारे थे' की कविताओं के साथ सन् '८० के दशक में लिखी गयी उनकी कविताओं को भी सम्मिलित किया गया है।

रचना-काल की दृष्टि से 'सपने तुम्हारे थे' में संकलित कविताएँ उस दौर की हैं, जब हिन्दी कविता में प्रयोगवाद और 'नयी कविता' वालों का बोलबाला था। मार्कण्डेय उन दिनों 'चक्रधर' नाम से 'कल्पना' में 'साहित्यधारा' स्तम्भ के अन्तर्गत नियमित टिप्पणियाँ लिखते थे। अगस्त, १९५४ में उस दौर की कविता की सीमा पर भी टिप्पणी की थी-"अतिशय वैयक्तिक अभिव्यंजना का भी प्रभाव हिन्दी की नयी कविता पर लक्षित होने लगा है और इसी कारण उसके साधारणीकरण की समस्या भी दिन-दिन दुष्कर होती जा रही है।"

ज़ाहिर है, मार्कण्डेय जिस तरह कथाकार के रूप में अपनी पहचान 'नयी कहानी' वालों से अलग बनाना चाह रहे थे, उसी तरह कविता के क्षेत्र में 'नयी कविता' वालों से भी अलग। 'सपने तुम्हारे थे' की पहली ही कविता से पथ के इस अलगाव का संकेत मिलने लगता है-

ये सिकता के खण्ड/उमड़ आयेंगे,
तेरे पदचिह्नों को/धूमिल कर जायेंगे,
फिर पथ का निर्माण/हमें ही करना होगा,
फिर जीवन में प्राण/हमें ही भरना होगा,
जाओ, मोह न मानो/धरती बहुत बड़ी है,
बालू से माटी की छाती/सचमुच बहुत कड़ी है।

मार्कण्डेय का कवियों से सीधा प्रश्न यह था-"आज के कवि को सामाजिक जीवन से तटस्थ मान लेना दुराग्रह के अतिरिक्त और क्या होगा?" ('साहित्यधारा' : दिसम्बर, १९५४) मार्कण्डेय दृढ़-मत थे कि "जहाँ कवि सारे सामाजिक बन्धनों से अलग 'आत्म' की कोठरी में आँख मूँदकर देखता है, वहीं वह अँधेरे में भटकने वाले कीड़े की तरह हो जाता है...!"

ऐसा नहीं है कि मार्कण्डेय कविता में 'आत्म' की अभिव्यक्ति की अहमियत को एकदम ही नकार रहे हों। कविता में 'अपनी छाया' देखने की ललक उनमें भी व्यापती है-*'आओ, तनिक खड़े हो लें/नदी किनारे,/देखें अपनी छाया/मचल-मचल कर*

लहराती...।' लेकिन 'सामाजिक जीवन से तटस्थ' होकर 'अपनी छाया' देखने को 'मचलना' उनके स्वभाव का अंग न बनने पाये—मार्कण्डेय को इस बात का ध्यान बराबर रहता है।

वैयक्तिकता और सामाजिकता के सन्तुलन का मर्म समझने में मार्कण्डेय चूक नहीं करना चाहते। इस सन्तुलन में आने वाले अवरोधों के साथ क्या सलूक करना है—कवि-मन जब इस प्रश्न से जूझता है, तो 'रोड़े' का बिम्ब उसके सामने उभरता है—

ये पथ के रोड़े हैं/ इनकी बातें बहुत बड़ी हैं,
ऊपर से चिकने/ पर इनकी छाती बहुत कड़ी है,
कितनों को मंज़िल से रोका/कभी नहीं पछताये,
फिर भी अपनी आदत से/अब तक ये बाज न आये;
इनकी साँसें तोड़ न देना/ इन्हें राह पर छोड़ न देना,
ये पत्थर के टुकड़े/ इन पर टाँकी मारो!
ख़ून, पसीना, आँसू देकर/इन्हें सँवारो!

सन् '८० के दशक में मार्कण्डेय के यहाँ उनके कवि-रूप का जो दूसरा उत्थान होता है, उसकी मूल चिन्ता के बतौर 'कलम' शीर्षक कविता पर ग़ौर करना चाहिए—

क़लम! मौन का यह कैसा व्यापार
कितना लम्बा यह तेरा श्रमहार?
बोलो, कुछ तो बोलो!

इस कविता में उन जगहों से कवि नज़र हटा नहीं पाता, जहाँ 'भूखों मरते लोग' हैं और 'बच्चों की सूखी' आँखें हैं। इस कविता के अन्त में मार्कण्डेय ने अपनी तरफ़ से यह 'नोट' भी लगाया है—'लम्बे मौन के बाद मैंने यह कविता लिखी है। इधर मैं लगातार चेष्टा करता रहा हूँ कि कविताओं में सादगी आ जाय, चाहे वह कुछ हलकी क्यों न हो!'

मार्कण्डेय कविता की 'कला' सीखने से ज़्यादा चाव रखते हैं यह सीखने में कि कविता में शब्दों को किसी सार्थक उद्देश्य से कैसे जोड़ा जाय! 'अभी तो मैं सीख रहा हूँ' शीर्षक कविता की ये पंक्तियाँ देखिए—

अगर संभव हुआ तो निंहाई ले आऊँगा
हथौड़े से पीटूँगा, हँसिया बनाऊँगा
फिर मैं सीखूँगा शब्दों को गर्म करना

नाबदानों और वैश्यालयों में पड़े-पड़े
वे घिनौने, बदकार और चापलूस हो गये हैं...

सीखने की कोई उम्र नहीं होती। मगर यह सब सीखने में मार्कण्डेय के कवि-रूप को कितनी सफलता मिली या यह सब सीखने में कविता का क्या-क्या दाँव पर लगा—इसकी जाँच-परख इन कविताओं के पाठक अपने विवेक से करेंगे, ऐसी आशा है।

इलाहाबाद
१४ जनवरी, २०१३

राजेन्द्र कुमार

अनुक्रम

१९५२ से ५४ के बीच की असंकलित कविताएँ

•

यह पृथ्वी तुम्हें देता हूँ

यह पृथ्वी तुम्हें देता हूँ

खड़े क्या हो इस तरह हाथ बाँधे
जाओ, ले जाओ!
यह पृथ्वी तुम्हें देता हूँ
सब कुछ है यहाँ
हवा, पानी, मिट्टी और आकाश
मृत्यु, जन्म, प्यार और अहंकार
तुम जो चाहोगे
माँगोगे जो कुछ
तुम्हें वह देगी
अपर्णा है, प्रेयसी, पयश्वनी है
भगिनी है,
पुत्री मनस्वी है
जाओ, ले जाओ
अपने अन्तर का आलोक तुम्हें देता हूँ!

कवि हूँ मैं
समस्त ब्रह्मांड का पिता
देता हूँ सहर्ष तुम्हें
जाओ, ले जाओ
अपनी रचना का मर्म तुम्हें देता हूँ!

४ / *यह पृथ्वी तुम्हें देता हूँ*

खुश हूँ तुमसे मैं
जीवन संघर्षों में जूझने की
ललक लेकर, जीतने को समर
जो आये थे, उनमें तुम सबसे पहले थे
जाओ, ले जाओ
अपनी जिगीषा अनश्वर तुम्हें देता हूँ!

बाँध लो भुजाओं में
अधरों को सिक्त करो
गोद में उठाये दौड़ जाओ दिगंत में
नाचो, खुशियाँ मनाओ,
वरण करो,
यह अबसे तुम्हारी सहगामी है
सहना इसे
चलना सदा पीछे-पीछे
प्यार करना
जीतना दिल इसका
अग्नि है यह
घिरे रहना नीर भरा बादल बन
जाओ, ले जाओ
अपना संचित संवेदन तुम्हें देता हूँ!

जोतना, बीज बोना।
तुम्हें यह अंकुर देगी
पालेगी, बड़ा करेगी
तुम-सा बनायेगी
जाओ, ले जाओ
अपना अपरिमेय पौरुष तुम्हें देता हूँ!

रत्ना है, कन्या यह कवि की

रखना इसे प्राणों के समान मान
जाओ, ले जाओ
अपना सिन्धु-सा हृदय तुम्हें देता हूँ
जाओ, ले जाओ
यह पृथ्वी तुम्हें देता हूँ!

२२-२-८७

•

चले चलो

१

जाएगी सवारी
शहंशाह की दौलताबाद,
लाद लो शर्म
अपनी लढ़ियों पर
अपमान और हिकारत
के टोकरों में
ठूस लो बच्चों को,
मूर्खता, गलाजत, रूढ़ियाँ,
रोग–शोक
बाँध लो पीठों पर,
झुक जाओ बोझ से
जमीन तक
कूबड़ें उठा लो
कुछ और ऊँची
खाली पेट यात्रा
आसान होगी,
रेंगते हुए चलो
चले चलो
दौलताबाद चलो

वही है गन्तव्य
इस शताब्दी का

२

देखो नहीं दायें-बायें
ऊपर-नीचे राह में
लाशें जो पड़ी हैं
वे सड़ी हैं
या हवा में खड़ी हैं
सब जिन्दा हैं,
वैसे ही, जैसे तुम
जीने की लालच को
मौत की छेनी से काटते,
देख नहीं पाते हो अपने को,
आखें तो ले गये लुटेरे
बटमार और वैश्यापुत्र
जो इस यात्रा के पाँव हैं,
सत्ता के घोड़ों पर चढ़े हुए,
उन्हीं का यह दांव है
रक्त की बूँदों को चूसने का
शेष जो तुम्हारी इन
झिलँगा धमनियों में
कहते हुए बार-बार
यह रहा, दौलताबाद
वह रहा, दौलताबाद
वे जो वाहक हैं
मालिक की सवारी के
इस भ्रष्टाचारी तंत्र
के जारज हैं

गर्भ से नहीं जनमें माँ के,
मुँह से निकले हैं
घुसे हैं कानों में तुम्हारे
दुहराते हुए बार–बार
रोटी देंगे, कपड़ा देंगे
रहने को मकान देंगे
रुको नहीं, चलो
दौलताबाद चलो।

३

मुखौटे लगा लो,
मिटा लो पहचान और भाषा,
बोलो कुछ ऐसा
जो भाए आलीजाह को,
प्रश्नों में साजिश की गंध है
ऐसी जो ब्रूटस
की सांस से निकलती थी,
संशय के मंत्र का
अनवरत जाप करो
मित्रों की गरदन पर
तेज करो छूरियां
कतल करो अपनों का
वे भी इस आदमखोर
संस्कृति की संतति (आत्मज) हैं,
वही करो, वही सुनो
कहता जो ढिंढोरची है
शेष सब अर्थहीन मिथ्या है
लज्जा है, प्रश्नाहत अपाहिजों की,

उसे मत उघाड़ो,
कोढ़ भरे रंध्र को
ढके रहने दो,
चलो, दौलताबाद चलो,
चले चलो
गुमसुम कुछ ऐसे
जैसे भेड़ें चलती हैं
ढोते हुए सिर को
कबंध पर।
चले चलो, चले चलो
चले चलो, चले चलो!

•

लड़ना ही हासिल है जीवन का

उसे दुख है कि हम सो रहे हैं
और वे कर रहे हैं नरसंहार
अपने लोगों का लहू
हो रहा है बेकार
सूख रहा माटी में अजन्मा हो कर,
धरती की अंतर प्रतिज्ञा
मैं जानता हूँ
वह माँ है ऐसी जो
करती है अनश्वर सदा
युद्धरत पुत्रों को,
एक रक्त-बूँद पर देती है
सहस्त्र सिर
मुट्ठियाँ कसे हुए, लड़ने को उद्यत
दुख है उसे कि हम गाफिल हैं
दुश्मन से
वह डैने फैलाये
डागर की तलाश में
काटता है चक्कर आकाश में
और हम मर रहे हैं अपनी मौत
लड़कर नहीं, डरकर!
डरकर, सुलह-समझौते से
कुछ नहीं मिलता

और यदि मिला भी तो आधा-तीहा
सड़ा-गला, बोझ बनता है
प्रदूषित करता है पीढ़ियों को
नपुंसक, हताश, आक्रामक और
भ्रष्ट बनाता है कौमों को
उसे दुख है कि हम युद्धभाव से विरत हैं
डरी हुई आत्माओं के
फिजूल दर्शनी-दीमक
न जाने कब से हमारी
नसों को कुतर रहे हैं,
बना रहे हैं डागर
यही उनका फलित है,
वे झूझे नहीं थे
कायर भी नहीं थे
बस वे हमारे दुखों से
हो गये थे कातर
जो धरती की प्रतिज्ञा के
विरुद्ध है
उसको तो चाहिए रक्त
अत्याचारी भेड़ियों का
शोषकों अन्यायियों का रक्त
रक्त से जनती है
नये पुत्र
जीवन के युद्ध की विभीषिका में
लड़तों को
छाती से लगाती है
स्तन पिलाती है
कहती है जागो
और युद्धरत हो जाओ
लड़ना ही हासिल है जीवन का।

युद्ध

युद्ध सिर्फ लड़ाई नहीं है
क्योंकि युद्ध न्याय के लिए
अस्मिता की रक्षा के लिए
समानता और स्वाधिकार के लिए
शोषकों,जालिमों, हत्यारों
के विरुद्ध
लड़ी जाने वाली लड़ाई का नाम है।

युद्ध मर्म है जीवन का
युद्ध का नाम है
वियतनाम, निकारागुआ, अंगोला और दक्षिण अफ्रीका
युद्ध का काम है मुक्ति
कोटि-कोटि शोषित इन्सानों को मुक्ति
सूर्य के प्रकाश को मुक्ति
हवा और पानी को मुक्ति
माओं को, बहिनों को
पालने में नीद भरे नन्हों को मुक्ति
फूलों को, कलियों को
सबको मुक्ति।

युद्ध के गीत हैं
मोलाइस, निराला

नजरुल, नेरुदा और नाजिम हिकमत
युद्ध का वैभव है
पेड़ की टहनी पर फूटती हुई नयी कोपल,
अखुआते बीज
बहे हुए काजल भरे
हरे रतनार
युद्ध का कोई धर्म नहीं होता
जात–पात देश–भाषा कुछ भी नहीं
युद्ध आग के समान पवित्र है
जो लोहे को सिझाता है, करता है
अपनी ही तरह लाल और गर्म
सिर्फ जय में ही नहीं
पराजय में भी!

•

सूली पर कवि

जब कोई बेन्जामिन
जनता का प्रेम गीत गाता है
लोगों को नींद से जगाता है
बताता है प्रेयसी से
धरती की गंध
रूप-रंग माटी का
कहता है देह में तुम्हारे है
वही गंध, वही रंग
वही हो तुम, बिल्कुल वही
जुल्म की कहानी सुनाता है
गर्भस्थ शिशुओं को
लोगों को दिखाता है
रक्त-सिक्त थूथुन
गोरे आदमखोर भेड़ियों का,
माँओं की चिथी हुई छातियाँ,
बिजली से दाग-दाग
मारे गये बच्चों को
फँसे हुए पंजों में गिद्धों के,
सड़कों से अनायास पकड़े गये
युवकों के जख्मी पुट्ठों को,
पत्थरों से पीसे गये

भुरकुस हाथों को,
तब कविता, कविता नहीं रहती
वह फसल बन जाती है,
गीत गाये नहीं जाते
लोगों की साँसों में
चुपके से उतर जाते हैं
वे समझ नहीं पाते
घबराते हैं
पसीने-पसीने हो जाते हैं
और चढ़ा देते हैं
कवि को सूली पर...।

२०-१-८७

वे

हिल मिल रहे हैं
अपनों से
अब वे हमारी पातों में
घुस रहे हैं,
खिल रहे हैं क्यारियों
में गुलाब की
मिल रहे हैं गुपचुप माली से
उपवन के।

शिशु शिक्षिकाओं की
राह रोक कहते हैं
आपके लिपिस्टिक में
रंग है प्रभात का
कविता की लय पर
संगीत पर झूमते हैं
वस्तु को नया
और आज की बताते हैं।

मंदिर की राग में
स्वर उनका शामिल है
वे ही अब आरती उठा रहे हैं
राधा बन नाचते हैं

ठुमुक ठुमुक
कृष्ण को अब
वे ही रिझा रहे हैं
दुनिया के दुख से
कातर हो
वे अब दुख को नहीं
दुनिया को ही मिटा रहे हैं
वे आकाश में सीढ़िया लगा रहे हैं।

१३-१-८७

●

दीवारें स्याह हैं

दीवारें स्याह हैं, धब्बे सफेद
यह इतिहास की नियति है
जिसके चलते दो विरोधी
समानार्थी ही नहीं
विलोम हो गये हैं,
झूठ-सच का अन्तर ही नहीं मिटा
सच झूठ हो गया
और झूठ सच
क्या जमीन को आसमान
और उत्तर को दक्षिण समझना पड़ेगा!
होगा जरूर कुछ नया तब
जिसे मां ने कहा था, उसका उल्टा,
जिसे नाना ने किया था
वह तो लीक है
और लीक चाहे गर्द की मोटी परतो पर
लढ़ियों के पहिए को घुमाये
पहुँचाये गन्तव्य तक
पर लीक तो लीक है
उसे पीटने से बेहतर है
पत्थर की सड़क पर कार से चलने के

इन्तजार में मर जाना
या पाव को हमेशा के लिए
पेट में रख लेना
भूख से विकास होगा
मृत्यु से जन्म होगा
क्योंकि दीवारें स्याह हैं और धब्बे सफेद।

•

मशालें जलाते हैं

मैं उन्हें कुछ नहीं कहूँगा
जो अभी अभी लौटे हैं
छूकर मंदिर की देहरी,
याकि उन्हें जो चूमकर माँ का सिर
नित्यप्रति जाते हैं सोने,
उन्हें तो कभी नहीं
जो बच्चों की भूख के लिए
चुराते हैं दूसरे के खेत से भुट्टे

मैं उन्हें नहीं सुनूँगा
जो घमण्ड में चूर हो
रौंदते हैं धरती को
और उन्हें भी नहीं
जो हारे-थके बैठे हैं
धरे हुए हाथ पर हाथ

मैं उनके लिए चलूँगा
जो बैठ गये राह में थककर
छूते-छूते सूरज को

मैं उनके लिए देखूँगा
जो देख नहीं पाये कभी

आँसुओं में भीगा हुआ
माँ का जर्जर चेहरा

मैं उनके लिए लिखूँगा
जो भटक रहे गलियों में
अंधी-वीरान
रोशनी तलाशते
चीखते-चिल्लाते—
उग्रह करो! आने दो!!
वर्ना हम मशालें जलाते हैं!

●

अभी तो मैं सीख रहा हूँ

अभी तो मैं सीख रहा हूँ धौंकनी चलाना
अगर सम्भव हुआ तो निहाई ले आऊँगा
हथौड़े से पीटूँगा, हँसिया बनाऊँगा
फिर मैं सीखूँगा शब्दों को गर्म करना
दरबारों, नाबदानों और वैश्यालयों में पड़े-पड़े
वे घिनौने, बदकार और चापलूस हो गये हैं
वे लद्दू घोड़े की तरह लुद् लुद् चलते हैं
उन पर फफूँद चढ़ गयी है
उनकी मोटी चमड़ी आग में सीझेगी
तो वे बेपनाह छनगेंगे
भीतर छिपे कोढ़ रूपी जंग से
धुँआ उठेगा
विक्षिप्त करेगा
महामारी फैलाने की धमकी देगा
लेकिन मैं मानूँगा नहीं,
उन्हें बंधुआ मजूरी से छुड़ाऊँगा
मैं जोर-जोर भाथी चलाऊँगा
उन्हें और गर्म, और गर्म, और गर्म करूँगा
उनका मैल काटूँगा
उनको सिझाऊँगा
फिर खरसान पर चढ़ाऊँगा
धार दूँगा
अभी तो मैं सीख रहा हूँ।

●

नाथू गवैया और हरिहर नचनियाँ

नत्थन उर्फ नाथू के लिए
कविता लटकती है डाल से
फल की तरह
पकती है महीनों बाद
धीरे-धीरे धरती के ताप से
पेड़ की जड़ से होकर जो
फल तक पहुचता है

गाँव में तो पकती है हाँड़ी
उपले लगाया, शाम को जलाया
और सुबह निकाल लिया
खाना पकाया चाहे रखा नून-हरदी
जूठी होते ही भरभंड होती है
फेंक दी जाती है, कुत्तों को चाटन के लिए।
वे साफ-साफ ताप की
दो जातियाँ गिनाते हैं
भीतर का अपना
बाहर का पराया बताते हैं
भीतर को रचना
बाहर को काठीगरी कहते हैं
बहस जो ठनी थी वर्षों पहले

सुरसा के बदन-सी
गाँव के चौपाल में
खेतों की पैड़ा पर
कुएँ की जगत पर
वह आज भी चल रही है
नाथू गवैया और
हरिहर नचनियाँ के बीच

नाथू खझड़ी पर गाते हैं
और हरिहर लौडा-नाच के
गीत बनाते हैं
हाव-भाव, देश-काल
लोगों की चाह-राह समझ कर
घुघुरू के बोल और पाँवों की थाप को
शब्दों से घेरते हैं
'सइयाँ ले जा गवनवाँ हमार'
'राजा ले जा गवनवाँ हमार'
चढ़ली जवानी पर लौंडा थिरक कर
कैसे उचका गया छाती
गाते हुए–'अंगिया मोरा खसके
जिया मोरा कसके'
फिर कैसे दर्शकों में
बिजली की लहर-सी दौड़े की
और कैसे जियो राजा, जियो चिरई की
आवाज के साथ
तोहें अँगुलियों में फसेंगी
इस सब का ध्यान रखते हैं
नाथु कहते हैं–यह सौदा है,
कविता नहीं।
लोगों को रिझाने के लिए

शब्दों की निलामी है,
जनता की चाह के आवें में
पकाना है हड़िया इसमें हरिहर का कुछ भी
अपना नहीं है

'रहि जैंहे बिटिया कुवार हो बलमुवाँ'
जैसे अपने ही गीतों का हवाला देकर
नाथू गरीबों की लाचारी
और शासन की नीतियों का
बखिया उघेड़ते हुए गाते हैं
'जात बाटै देसवा रसातल
यहि के राज में'
कहते हैं–
यह धरती की आग है
इसी के ताप से पकेगी कविता
सार्थक होगी
जुड़ेगी जीवन से जनता के

बहरहाल नाथू और हरिहर
दोनों स्वीकारते हैं ताप की महिमा
जो पकाता है
अलग-अलग ढंग से
हड़िया और फल को
हरिहर नचनियाँ को
मिलता है उपले से
नाथू गवैया उसे
धरती से पाते हैं

मैं जाता हूँ जब कभी गाँव
बुलाता हूँ दोनों को चाय पर

बैठाता हूँ आदर से
बात करता हूँ जैसे हरिहर की झुलनी
और नाथू के थैले के बीच
मैं सम्पन्न हो गया हूँ
बाहर और भीतर के
मिले-जुले ताप में
पक गया हूँ।

१४-२-८६

•

कवि–सभा

वहीं कहीं बैठे हैं नागार्जुन
शमशेर हक्का–बक्का,
त्रिलोचन मन मारे
छेनी से गढ़ते हुए सानेट
केदार मनमाना झकते हुए
ओ मेरी तुम, ओ मेरी तुम,
अज्ञेय खड़े हैं कोने में
दीप लिए चुके हुए स्नेह का
कहते हैं, इसे भी पंक्ति को दे दो,

अगल–बगल भीड़ है कवियों की
जिनकी फटी आँखों का
घेरा है चारों ओर,
पीछे क्या है,
पता नहीं,
सर्वेश्वर कहते हैं–जनता है
रघुवीर उसे भीड़ और श्रीकांत वोटर बताते हैं,

कानों को छेदता है रुदन और हाहाकार
तमस के घोड़े पर चढ़ा हुआ
अनाचार, आतंक,
रौंदता, कुचलता रहा है

उस बस्ती को,
पीठ किये जिसकी ओर
कविगण खड़े हैं
अरुण कमल, राजेश, मनमोहन
विकल, डबराल, सोमदत्त और देवताले,
बैठे हैं केदार सिंह
बतियाते कुंवर से
बोरा बिछाये हुए
खाली अंतरवस्तु का,
लौटे हैं अमेरिका से
अभी बिलकुल अभी,
बीच में कमण्डलु है, ढरकी है, लुंगी है,
मुक्तिबोध खड़े हैं सीमांत पर,
कहाँ गये, कहाँ गये,
तैरता है प्रश्न सभी आँखों में
किसका है कमण्डल
किसकी है ढरकी
और किसकी है लुंगी यह!
नागार्जुन फिस् से हँसते हैं
कहते हैं, क्या करोगे जानकर लल्लू,
ऐश करो, जाओ मटकाओ कूल्हे,
लम्बी तनख्वाहें झाड़ो,
हो सके तो ज्वाइन कर लो कोई पार्टी,
आग उगलो,
उड़ाओ शांति कपोत
इस भुतही दुनिया की
पीठ पर टंकित है
शब्दहीन कविता जो
उसकी वर्णमाला कुछ और है,
कैसे पढ़ोगे!

छोड़ो उनको भाग्य पर अपने
गढ़ेंगे अपना भविष्य खुद
मरेंगे नहीं, यह तय मानो,
उड़ेंगे, लड़ेंगे, जीतेंगे,
क्या करेंगे लेकर वे कविता का बिस्तर

सुनो, कान लगाकर सुनो!
मुक्तिबोध चिंतातुर हकलाये,
पीछे जो दृश्य है–
आज के समाज का परिदृश्य,
हमें भी रहना था वहीं,
मरना था, जीना था उन्हीं के साथ
चलो चलें उधर ही
जिधर वे गये हैं–अंधेरे में

तभी सहसा फाड़कर
आंखों के पर्दे
धूमिल किसी मानव शरीर को
(जिसे कह सकते हैं राजकमल)
कंधे पर उठाये
आ धमका बीच में
कहने लगा–
नामवर स्वायत्तता की
ढोल के पोल में घुस गये हैं
गाहे-बेगाहे, तुक-ताल देखकर
दल की चमड़ी, छुड़ाते हैं,
अब कविता को एक नये वकील की ज़रूरत है,
पीछे की अदालत में
उस पर मुकदमा है,
दावा है उसमें कि

वह व्यवस्था की दलाल वेश्याओं के
दरवाजे पर ताँक-झाँक करती है,
इनाम-अकराम के लिए
अवसर की तलाश में
छिनाल होती जा रही है,
हाव-भाव दिखाती है,
नखरे पादती है,

वह आगे बढ़ा,
ढरकी कमण्डल और लुंगी
उङ्गाकर लौट गया
वहीं जहाँ तुलसी, निराला और कबीर
पहले ही चले गये थे।

१७-१-८७

●

एक वरिष्ठ मन्त्री की गोपनीय डायरी से

ऊँचे पहाड़ से गिरते हुए
अथवा सीधे खड़े पर्वत पर चढ़ते हुए
बीच में जहाँ कहीं साँसों के धागे
टूट जाते हैं
और उनके बीच थोड़ी जगह बन जाती है
उसी जगह का-सा अनुभव होता है

उसे डर कहना ठीक नहीं होगा
क्योंकि डर एक बहुत घिसा-पिटा शब्द है
रोज रोज लगता है
सच बोलने में, अपना हक माँगने में
अनाचार अथवा प्रतिकार के विरुद्ध
उठ खड़े होने में
कुछ ऐसी हवा है राजधानी में
जहाँ साँस लेने में जो लगता है
वह कुछ और है
उसे डर कहना ठीक नहीं
डर और डर के बीच,
गिरने और उठने
मरने और जीने के बीच
जो एक नन्हा-सा अन्तराल है
उसे काल-कोठरी और फाँसी के

तख्ते के बीच के अनुभव–सा भी कह सकते हैं
और अगर यह भी नहीं तो
उसे एक सन्नाहट कहना होगा
जब अस्तित्व का बोध खो जाता है
मैं और मेरे साथी उसी में जी रहे हैं
कभी गिरते हुए
कभी चढ़ते हुए
सच तो यह है कि
हम सब कहीं उस एक–से अनुभव
में हिस्सा बँटा रहे हैं
एक सन्नाहट में जी रहे हैं
वे जो चोटी पर हैं
वे भी जो चोटी के नीचे खड़े ताकते हैं
चोटी को टुकुर–टुकुर।

२७–१–८७

•

नेता के नगर आने पर

उनके आते ही
सारा शहर बस्साने लगता है,
नाबदानों के फव्वारे
हवा में उछल उछलकर
अपने रंग उगलने लगते हैं,
दीवारें रंगीन छिपकलियों-सी
तख्तियों से अट जाती हैं,
नारों का झूठ बिलबिलाने लगता है
मैला ढोते गुबरैलों की तरह,
चिढ़ाने लगता है मुँह
गृहस्थी का भार ढोते
बेबस, लाचार नागरिकों का,
एक अनचाहा आतंक रिसने लगता है
धीमे-धीमे जहर की तरह,
सोचिए कितना भयावह होगा
खोखल बनना
मरी हुई आत्मा के डाँगर का
या झंडे ढोना किसी ऐसे धोखा का
जो हैवान के लिए नहीं
इन्सान के लिए
उसकी ही फसलों में
रोप दिया गया हो।

१०-१-८७

दुनिया को समझता हूँ

न मेरे पास हाव–भाव
न गले में लोच है
बस आपकी तरह सोच है
वही मेरी कविता है

न मेरा अपना घर है
न मेरे पास फ्रिज, टी.वी.
आपकी तरह रहता हूँ
वही मेरी कविता है

न मेरे पास सेवक हैं
न मेरे पास मोटर गाड़ी
आपकी तरह चलता हूँ
वही मेरी कविता है

न मेरे पास सोना–चांदी
न मेरे पास बैंक बैलेंस
आपकी तरह जीता हूँ
वही मेरी कविता है

न किसी से डरता हूँ
न पैसे पर मरता हूँ

आपकी तरह हसता हूँ
वही मेरी कविता है

दुश्मन को जानता हूँ
दोस्तों को पहचानता हूँ
दुनिया को बताता हूँ
झंडा उठाता हूँ
यही मेरी कविता है।

२५-१-८७

•

चोर को चोर कहना

चोर को चोर कब नहीं कहना चाहिए
कभी मैंने पूछा था चाचा से,
तब वे चुप रह गये थे,
कल एकाएक अपनी धँसी आँखें
मुलमुलाते हुए बोले–
चोर को उस समय चोर नहीं कहना चाहिए
जब वह ऊँची मेंड़ पर खड़ा हो
और उसके हाथ में लाठी हो
जब वह भाग रहा हो और सामने
ठाकुर की बखरी की अँधेरी कोली हो,
जब गाँव का मुखिया उसे
अपना मौसेरा भाई कहता हो
जब वह राजा का मित्र या साला हो
अथवा अफसर अदना
या आला हो
या गाँव का नाई हो
जिससे तुम्हें छिलवानी
हो खोपड़ी
बाप के शुद्धक में
अथवा उसे भी जिससे कहीं
दबती हो तुम्हारी नस
उस प्रोफेसर को तो कत्तई नहीं

जो तुम्हारा परीक्षक भी हो,
उस औरत को भूलकर भी नहीं
जो गुंडों अथवा डाकुओं की रखैल हो,
तस्कर अथवा शराब के व्यापारी को तो
सपने में भी नहीं,
किसी थानेदार को चोर कहना
सिर पर है आफत का लेना,
बस बस समझ गया चाचा
अब यह बताइए कि
चोर को कब चोर कहना चाहिए
तो सुनो बेटा
इस दो पाये आदमी की
मोटामोटी दो ही कोटियाँ हैं
अगर वह हीन है
तो उस चोर को उछल कर मारेगा चाँटा
जो लाचार और बेचारा हो
और दुखों में बुरी तरह कल्हारा हो

लेकिन श्रेष्ठ जन चोर को चोर
हुँकार कर तब कहते हैं
जब उस चोर का सरदार
देश का आलमबरदार हो
चाहे उसके हाथ में मोटा डण्डा हो
चाहे फाँसी का मोटा फंदा।

•

मैंने पहचाना उसे

याद नहीं,
कब और कैसे
आ बैठा था वह
किसी जड़रोग की तरह
अन्धकूप देह में
बाहर अंधेरघुप्प
कुंठा और प्रतारणा
से ऊबकर
थोड़ा थोड़ा साहस जुटाकर
आज जब मैं उस अंधेरे में कूद गया
तो देखा
जैसे अंधेरे में चीर की तरह
एक दरार पैदा हो गयी है
फिर क्या था,
मैं उछलने लगा
अंधे रेशों को तार-तार
धुनने लगा
तोड़ने लगा अंध-बन्ध
हँसने लगा
रोने लगा
चीखने-चिल्लाने लगा
फिर जाने कैसे गाने लगा–

छंद-छंद
मिल गया, मैंने कहा,
मिल गया रत्न
जो काट देगा, अंधे पहाड़ को
और मैं उस दरार में घुस जाऊँगा
पहले मनाऊँगा
और यदि नहीं माना तो
बांह पकड़कर
खीच लाऊंगा सूरज को!

•

नया वर्ष

१

स्वागत है नये वर्ष, स्वागत है
अच्छा हुआ आये तुम
आओ, बैठो, कुछ बात करो
कहो, यह लाया हूँ
ऐनक पिता के लिए
आँखों में माड़ा है उनकी
मां के लिए ओढ़नी
लगता उन्हें जाड़ा है
बहना को गेंदे का फूल एक
वंशी बजाता कोई आएगा
प्रीति की
मुन्ना को स्लेट-बत्ती
लिखेगा ककहरा वह
मेरे लिए हाथ गर्मजोशी का
मित्रता का
शांति का
मुक्ति का।

२

नया वर्ष
किसी मरण-रात्रि की

थरथराती अँगुली थामे
तिलतिल घिसटता
गुजर गया यह वर्ष,
छि गया काल के प्रवाह में,
छोड़ गया रण को अविजित,
रोते-बिलखते, दुधमुँहें आगत को
कर गया लावारिश,
आओ उठा लें उसे,
गोद में बिठा लें
दुलरायें, लाड़ करें
जैसा धरती करती है
जैसा माँ करती है।

२४-१२-८६

•

गया वर्ष

वर्ष जो गया है अभी-अभी
खून से लथपथ विकलांग
उसका भी स्वागत किया था हमने
अक्षत, नैवेद्य से,
मंच पर बिठाया था
आरती उतारी थी
मालाएँ पहनाई थीं

लेकिन सच तो यह है
कि पूजा था हमने खुद
अपनी ही आशा-आकांक्षा को,
चाहा था, सबके लिए शुभ हो नया वर्ष,
वैसा ही करेंगे फिर
कितना ही दुखद, दुर्निवार बीते
कोई वर्ष
आखिर है आत्मज वह समय का
हिंसा, अन्याय और मृत्यु का मसीहा नहीं,
मित्र है विपदा का
कोमल अनुभूतियों का,
कविता का साथी है
साक्षी है जीवन-संघर्षों का,
लड़ता रहा है वह

खेतों खलिहानों में
कल–कारखानों में
शोषण अन्याय के विरुद्ध सदा
जूझता रहा है वह
सदा से हमारे लिये
सहता रहा है उपेक्षा और अनाचार
होता रहा है पद दलित,
रोता रहा है वह, सिर गाड़ बाहों में

लेकिन सहसा यह क्या हुआ
आगत को सौंप हमें,
छोड़कर साथियों को समर बीच
चुपचाप चला गया
सूली पर चढ़ने
मुड़कर भी देखा नहीं
सिर्फ एक प्रतिध्वनि
जो आती रही दूर से
नारा उठाती रही...!

•

मेरे गुलाब

जिस दिन साठ का हूँगा
मेरे गुलाब
उस दिन देना मुझे
एक फूल प्यार का

जन्मा हूँ मई के ताप में
जब सूरज की भट्टी में
तपता है दिन
मैं जानता हूँ तब तुम नहीं खिलते
तुम्हारा अपना एक मौसम है
इसीलिए कहता हूँ
उस दिन मेरे लिए खिलना
सिर्फ मेरे लिये
देना एक फूल
बिना मौसम का प्यार से।

मैं तुम्हारी जड़ों को सींचता हूँ
खाद देता हूँ
कोड़ता हूँ
हर रोज मौसम–बे मौसम
तुम्हारे स्वास्थ्य की कामना से
चिन्तित रहता हूँ,

तुम्हारे लिये मेरा हर मौसम
तुम्हारा है
इसीलिए कहता हूँ
देना एक फूल बिना मौसम का
सिर्फ एक फूल

माँ भी नहीं रही
याद होगी किसको
वह उत्तप्त घड़ी
लेकिन मैं चुपके से
कान में तुम्हारें कहूँगा,
बता दूंगा महीनों पहले
वह तारीख
जिस दिन मैं साठ का हूँगा
देना मुझे एक फूल प्यार का, मेरे गुलाब!

•

स्मृति का छाता

आज सुबह सुबह
अचानक हवा महक उठी है
कली जो बन्द थी डाल पर कब से
विहस पड़ी है
चिड़िया जो आती थी
खिड़की पर चुपचुप बैठ चली जाती थी
चहक उठी है

पता नहीं बाहर
आसमान का क्या हाल है
वह जरूर घिरा होगा
काले बादल दौड़ आये होंगे
जल्दी ही बूँदें पड़ेंगी
तीर की तरह

फिर क्या होगा!
स्मृति का छाता पुराना पड़ गया है
जगह-जगह छेद हो गये हैं उसमें
फिर भी उसे सीता हूँ बार-बार
जीता हूँ भींगना...।

२८-१२-८६

•

छाँह

मैंने प्रवंचना की पौध लगायी
और तुम उसे छल के जल से
सींचती रही
इस तरह वह पौधा
बढ़ता गया, बढ़ता गया,
लम्बा होकर बौरा गया
फूल उसमें नहीं आये,
आएंगे भी नहीं–
जब हमें यह मालूम हुआ
तो हम पूरी तरह खाली हो चुके थे
कुछ भी नहीं था शेष
प्रवंचना और छल के भंडार में
हम एक दूसरे की ओर देखकर
अनायास हंसने लगे
वैसे ही जैसे दो शिशु हंसते हैं
पाकर समीप एक दूसरे को
फिर हम चुप हो गये
देखते हुए आँखों में एक दूसरे की
इस तरह जैसे कोई रागिनी
रुक गयी हो सम पर
लेकिन जब हम दुबारा हंसे आलिङ्गन-वद्ध थे
डूबे हुए परस्पर एक दूसरे में

तब हमने पाया कि
हम सहसा मिल गये हैं
दो नदियों की तरह
और बह चले हैं साथ-साथ आगे
वहीं एक बीज हमने रोप दिया
उगेगा यह, बढ़ेगा, फूलेगा फलेगा
वृक्ष बनेगा
और कल्पना में थक कर साथ-साथ
सुस्ताने लगे उसी की छांह में।

●

बीते कितने बसंत

पत्ता जो गिरा है अभी
डाल से पक कर पीला
वह पत्र है काल का
लिखा है उस पर एक और अंत
ऐसे ही बीते अनगिन बसंत

टहनी पर फिर फिर फूटे टूसे
बढ़े,हुए हरे-भरे
और आंखों ही आंखों में
बीत गये वर्ष पर वर्ष
झर गये फूल पर फूल
गिर गये पत्र पर पत्र
पीले होकर, सूख गये

संग की सहेलियां
सुरभित हुईं, बौराईं
फल कर डाल-सी झुकीं

मैं ही अभागिन ऐसी
बैठी रही जोहती बाट
न आये कंत
बीते कितने बसंत
आये कितने बसंत।

३-३-८७

•

तुम कुछ वैसी ही हो

तुम कुछ वैसी ही हो,
कैसी, अगर कोई पूछे तो
बता न सकूँ
तुम कुछ वैसी ही हो
जैसी एक बात, जिसमें अर्थ नहीं
जैसे अंधेरे के बगैर रात,
लेकिन अगर कोई चाहे तो दिखा न सकूँ,
जब कभी बेहोश में होता हूँ
इसलिए पल भर
अर्थ और अँधेरे से
लय और चाँदनी निकालता हूँ,
पाता हूँ, बेसुध हो जाता हूँ

तो तुम क्या लय हो, धमनी से!
तब तो मैं गाऊँगा
शब्दहीन चाहनी की माला बनाऊँगा
धरती पर घूमूगा, सबको पिन्हाऊँगा।

●

इस देश-काल में

१

धूप, धान के खेत और
पानी में डूबी हुई पगडंडियां
प्रिय हैं तुम्हें
कभी तुमने ऐसा कहा था
यह भी बताया था—
वर्षों के आत्मसात,
अनुरक्ति और अवगाहन से
चुना है इन्हें
जिया है
और जीकर आनन्द रूप
जीवन को जाना है

मैंने तो सिर्फ तुम्हें चुना था
पानी में डूबी पगडंडियों पर
मुड़-मुड़कर देखते साकार को
जो सत्य था मेरे लिए जीवन का
जहाँ दृश्य नहीं तुम थीं
और तुम्ही तुम के वृत्त में
समा गयी थीं—
पानी में डूबी पगडंडियां

धूप और धान के खेत
निराकार ब्रह्म की तरह
अगोचर और अबूझ हो गये थे
स्मृति–दर स्मृति
जैसे कुछ छूटता गया था!
उड़ता गया था
कच्चे रंगों की तरह
अपने आप, अनायास।

२

कई बार सोचता हूँ कि क्यों
आखिर क्यों और कैसे
धूप, धान और पानी में
डूबी हुई पगडण्डियों के साथ तुम भी
अनजाने, धीरे–धीरे
हाशिये में खिसक गयी थी
केन्द्र में रह गयी थी एक तितिक्षा
रह गया था
अनुरक्ति का अनहद नाद,
एक अछोर विस्तार में
खो गया था प्राणों का शोर
जो कुछ भी था शेष
वह निर्विकार, नीरव, निरंजन
जैसे किसी अनजानी वायु की
झंझावात ने सब कुछ
समेट कर पिण्ड में
धरती के पिण्ड में
गाड़ दिया था।

स्मृति एक रूपहीन तारतम्य है
भाषाहीन,
आकारहीन मलबा
इतिहास के पृष्ठों से–
रोता, बिसूरता, कराहता
सेतु ऐसी यात्रा का
जो पार नहीं, हाशिये तक जाता है,
ठीक उस धूप, धान और पानी
में डूबी हुई पगडण्डियों की तरह

हाशिये पर सब कुछ है
मक्कारी, मिथ्या प्रपंच,
सुख और वैभव की
नशाखोरी, दैन्य
केन्द्र में है
दुखजन्य विक्षिप्तता
निरुपाय हताशा,
मृत्यु और पराजय
कम–से–कम आज
इस देश–काल में
जहाँ जन्म लेती है कविता।

१४-१२-८६

•

कहाँ गयी धार

रास्ता एकाकी था
लेटा हुआ चुपचाप
कुश और कंकड़ के बंधक-सा
परित्यक्ता धरती है बाँझ
न जाने कब से
उगता नहीं कुछ
नाटे झरबेरी के
पौधों के सिवा

सोयी है नदी
पीठ दिये तल को
हिलता है जल बस
साँस के आघात से
यहाँ-वहाँ
मुँह किये जिसकी ओर
जोहता हूँ बाट

झोपड़ी के सामने
बैठा होगा झबरा
खड़ी होगी धबरी
आतुर रम्हाती
जोहती निगाह से,

सीता कर चुकी होगी
चौका-बासन
सानी-पानी
सोच-सोच थकी होगी
क्यों नहीं आये
ऐसा तो करते कभी नहीं थे
आते थे रात गये
थके-माँदे
फिर भी लगाते थे अंक
रखते थे पैसे मजूरी के
सदा हाथ पर मेरे

राह कभी रुकी नहीं
कुश और काँटों की कौन कहे
तारों भरा आकाश
में बाँधकर
लौटता था घर मैं

मालिक ने लगा लिए ट्रैक्टर
मशीनें ऐसी जो
कूड़े को सोना बनायेंगी
आदमी के हाथ को
कतर दिया अनजाने
खड़ा-खड़ा ताकता है
नंगे आसमान को
दिन में ही
तारे नजर आते हैं,
राह जैसे चोटी
हो पहाड़ की
पांव में बेवाई

और मन में दहशत
जोहता हूँ बाट
फटने की जरा–सी पौ
स्याही का पहाड़
कैसे कटेगा
उसके बिना
कहाँ गयी धार वह
बनने को सूरज...।

१०-२-८७

•

पिता

बाँस की जड़ से बास ही उपजता है
वे कहते हैं
लेकिन बाँस सिर्फ बाँस होता है, पिता!
मोटा हो या पतला, टेढ़ा हो या सीधा
रहता है वह बाँस ही
आदमी तो कुछ भी हो सकता है!
पिता को ऐसा कुछ भी नहीं दिखता
वे कहते भी कुछ नहीं
बस अपनी बूढ़ी चादर
कुछ और कसकर ओढ़ लेते हैं
और सिर झुकाये चले जाते हैं
लम्बे गलियारे में
मैं उन्हें नहीं
दो झुके हुए डण्डों पर जड़ी
उनकी तख्तीनुमा पीठ को देखता हूँ
जिस पर लिखी धुँधली इबारत
सिर्फ माँ पढ़ती है
चिमटे से चूल्हे की सुकठी लकड़ी खुरचते हुए
बुझी-बुझी आँखों का धुआँ पोंछ
कहती हैं, चोंचला है...
इसी तरह स्याह को सफेद कहते

बीत गयी सारी उम्र
आशा–प्रत्याशा के झटकों में
बार–बार टूटा पर आस्था ऐसी कि
जोड़ते हैं शीशों के टुकड़े को
देखते हैं आकृति के अलग–अलग अंग
और कहते हैं वही है, बिलकुल वही!

•

पिता का हत्यारा

तर्पण के लिए आने वालों में
ये सब सबसे आगे थे
किरिया का तेल छूकर उन्होंने
कुश से पानी छिड़काता अपने ऊपर
और पैंती अँगूठे के बीच दाबकर
जल दिया था
शुद्धक का स्नान कर
वे सब चले गये थे सिर झुकाये
नंगे बदन
छोड़कर भरी-भरी आँखें हमारे बीच
कैसे कहूँ मैं कि वे ही हत्यारे थे
सब कहते हैं तो कहें
मैं सहूँगा, उठाऊँगा खतरा
नीति से गिरने का
दुश्मन को दुश्मन
और मित्र को मित्र समझने का।

माँ ने भी कहा था
वे मारे गये अपनों द्वारा
जलते थे सब हमारी
दो जून की रोटी से
चिकनी दुलाई और

लिपी–पुती बखरी से
कहते थे मुखबिर है
पुलिस का दलाल है
जमींदार से मिल गया है
बच्चे को पढ़ाता है शहर में
आता है पैसा कहा से इतना

मेरा सिर गड़ गया था
दिख रहा था पाताल का कुआँ
बिच्छू और गोजर से भरा हुआ,
पूछा भी नहीं,
क्या यह सब सच है माँ
क्या सचमुच पिता बिक गये थे

मेरे होंठ सिले रहे
लेकिन वे आँचल से मुँह ढाँपे
रो–रोकर कहती रहीं–
जो भी उन्होंने किया
सब कुछ तुम्हारे लिए

कितना विचित्र था
प्यार भरा हत्या का यह कलंक
वह भी माँ की अंगुली
से तिलकित
और अपनों की सोच कि
गद्दार का बेटा हूँ मैं
अभिशापित और हत्यारा
पिता का हत्यारा।

६-२-८६

घर इस तरह बना

पत्थर दिया पर्वत ने
पेड़ ने लकड़ी दी
पानी दिया मेघ ने
धरती ने मिट्टी दी
खिड़की दी हवा ने
सूरज ने रोशनी
पृथ्वी ने शरण
फलक ने चादनी
फूल ने रंग दिया
पक्षी ने रागिनी

नीव दी पिता ने
माँ ने सहारा दिया
बच्चों ने ईंट दी
पत्नी ने गारा दिया

सब कुछ जोड़कर
जी जान तोड़कर
उठ तो गया घर
बाकी रही छत
जिसे दिया मैंने
शीत आतप वर्षा का
वरण किया मैंने।

•

बया और कौवा

बया के घोंसले से
निकला एक कौवा
मैंने पूछा बया से
यह कैसे हुआ
बोली जरा देखिए
कैसा जमाना है
मेरे जैसे लोगों का
अब कहाँ ठिकाना है

रात दिन जग कर
मर कर, खप कर
तृण तृण तोड़ कर
चोंच से जोड़ कर
घोंसला बनाया
न जाने कहां से
डाकू यह आया

बकने लगा कांव कांव
हो गयी झांव झांव
बच्चों को खा गया
मुझको बहला गया

उड़ती हूं दिन-रात
डार-डार पात-पात
घोंसले को देखती हूं
रोती हूं, बिसूरती हूं

बोलो कहां जाऊं
किसको बुलाऊं
किससे कहूं दुख-दर्द
किससे कहूं सपना
अब इस दुनिया में
कोई नहीं अपना।

२२-१-८७

हिमालय और घूर

मैंने हिमालय नहीं देखा
लेकिन कल्पना कर सकता हूँ
कि वह कैसा होगा–
करीब–करीब वैसा ही
जैसा मेरे घर के सामने फेंका हुआ घूर है–
निष्प्रभ रूपाकार जो विभ्रम में नहीं,
सहज रेखांकन में मूर्त होता है
इसमें भी एक चोटी है, उन्नत
और कुछ नीचे
बनस्पतियाँ, कुकुरमुत्ते, चकवड़
पथरी के छतनार पौधे
अदम्य उत्साह से फैले हैं,
अगल–बगल भुनगे, सूअर, और
खौरहे कुत्ते सूंघते हुए, मुँह मारते
अलसाये, निर्द्वन्द विचरण करते हैं
अपनी हीनता से बेखबर
लेकिन मैं अपनी हीनता से
कभी भी बेखबर नहीं होता
खास कर तब
जब मैं हिमालय की कल्पना करता हूँ
(हिमालय के बारे में सोचता हूँ।)
शायद हिमालय

मेरे घर के घूर की तरह नहीं है
वैसे हिमालय एक ठोस
और महान और भव्य विम्ब है
विशाल वैभव और उन्नत ललाट वाला
स्थिर, काम्य और महाकवियों का प्रीत
अम्बर कर जिसे तीर सा
आँखों की पुतलियों को
माथे में धसाने वाला
घूर तो बेचारा है,
पड़ा हुआ, मतिमंद
बच्चों की छी–छी, पीव, मवाद की पट्टियां
राख, कूड़ा, ऊपर से कुत्ते और बिल्लियों के मूत्र से सिंचित
गोबर और गोबर
लेकिन है यह भी ठोस
स्थिर और काम्य
रूपाकार में हिमालय जैसा साम्य है,
निःसंग, निरावृत्त
टिका है जन–मानस में
वैसे ही
जैसे टिका है हिमालय।

कविता

रोजगार दफ्तर में
पेशे की जगह 'कवि'
लिखने पर
अफसर बिदक गया
बोला, 'अजीब हो,
नौकरी के लिए आए हो
या घास छीलने।'
नौकरी के लिए, हुजूर,
जैसी भी हो,
जहाँ हो, फौरन चला जाऊँगा
हुक्म बजा लाऊँगा
'फिर कविता का
क्या होगा।'
उसने पूछा!
कविता का...!
कविता का क्या होना है
रहेगी वह
राजी-खुशी रहेगी
गुह-मूत करेगी
दुख दर्द सहेगी
कुछ नहीं कहेगी।

•

सूरज जब उगता है

दिन एक धारा है
जिसमें बहता है सूरज
दहन होता है सोने की लंका की तरह।
आओ उसे देखें
और देखते रहें,
देखते रहें, लंका को?
नहीं, नहीं धारा को
जो बहती है दिन की तरह
बाँटती है–जोड़ती है
रात के दोनों किनारों को
लगता है रात एक ऊँचा पठार है,
तोड़ती है धारा जिसे सुबह तक
इसीलिए सूरज जब उगता है
तो खुश दिखता है।

१२-३-८६

•

हल्ला उठाओ

स्थिरता का घोड़ा हींग नहीं सोना हगेगा
आओ, मुल्क के सारे बेईमानों आओ,
लीद उठाओ
भर भर टोकरी घर ले जाओ
सबको बताओ
यह हींग नहीं, सोना है,
अपने पिद्दी विचारों की
छोटी-बड़ी मुंगरी ठठाओ,
इसकी पीठ उठाओ,
इसका पेट सहलाओ।
स्थिरता का घोड़ा अब हींग नहीं
सोना हगेगा।
अब यह सिर्फ घोड़ा नहीं
मुल्क का तोड़ा है,
भ्रष्टाचार, लूट, अनाचार, हत्या
को ढोने में
इसने विश्व का कीर्तिमान तोड़ा है,
अब यह हमारी नाक है
आओ सब आत्महीन लोगों
दौड़ आओ
चढ़ जाओ इसकी पीठ पर,
चलाओ इसे टिक्-टिक्,
हाँका लगाओ,

संसद से निकलो
सड़क पर जाओ,
नगाड़ा बजाओ
बताओ लोगों को कि
यह नहीं रहेगा
तो मुल्क नहीं रहेगा,
डूब जायेगी संसद की नैया
बीच मझधार में,
बैठ जायेगी लोकतंत्र की छत
मचमचा कर।
फिर क्या होगा काले धन का
फिर कैसे होगी मनमानी लूट
फिर कैसे होगा मोटा स्विज़ बैंक का खाता
स्थिरता ही रक्षक है उसका
और उसी पर बन आयी है इस बार

इसलिए दुंदुभी बजाओ
गाओ इतनी जोर से कि डूब जाये आवाज
और सारे शोर-शराबे
उन मुट्ठी भर प्रतिपक्षियों के
देश और लोकतंत्र की रामनामी ओढ़कर
निकल पड़ो एक साथ
स्थिरता का हल्ला उठाओ
गला फाड़ कर चिल्लाओ
कहो कि वह नहीं रहेगा
तो घोड़ा नहीं रहेगा
तब सोना तो सोना
हींग के भी लाले पड़ जायेंगे।

१५-४-८७

•

पेड़ पर घर

अछोर नीलाकाश में
नया नहीं पक्षी का तैरना,
काल के चक्र-सी गतिमय
आकांक्षा है उसकी
नापने की सीमा,
तोड़ने की काल के-देश-के बन्धन
जाने की उस पार,
रचने की बार-बार
टूटा हुआ सपना—
'अर्श से उधर होता
काश कि मकाँ अपना'

पेड़ तो स्खलित सीमान्त है
कल्पना के वैभव का
एक नितान्त अपाहिज अन्त
निपट आत्मप्रवञ्चना

घर नहीं, न सही
यह पेड़ पर घर कैसा!
पक्षी बेचारे का
निर्मम उद्वासन क्यों?
क्यों उसकी सीमा का अतिक्रमण?

पेड़ पर तो घर थे बौनों के
सुना था कहानियों में परियों की–
सेवक–विदूषक वे दोनों थे एक साथ,
जब वे उतरती आसमान से थीं
बौने ही सेवा उनकी करते थे
तुम तो महत्तर थे
कवि, शब्द–शिल्पी
पेड़ तो बन्धु है धरती के नाते से
फिर उसके कन्धे पर घर क्यों?

४-५-८७

•

काल–बोध

शब्द का शृंगार अनुपम नहीं होता
अनुपम होता है सत्य
शब्द तो उसका उद्भाष है
लेकिन सत्य भी तो अन्ततः शब्द है।
जैसे जन्म
जैसे मृत्यु
और इन दोनों के बीच
बेलगाम घोड़े की तरह
कावा काटता काल भी सत्य है
और इसी कारण वह भी अनुपम है।
फिर देश क्या है
कहने को वह भी एक शब्द है
फलित अस्तित्व का ध्रुव सत्य
काल–बोध
कैसा भी हो
होता है वह देश में ही
इसीलिए वह भी अनुपम है।

●

मिथ्यात्व

हम उन्हें पलकों पर
सजा भी नहीं पाये
जिन अरमानों को
सूली से उतार कर लाये थे

तुमने उन्हें सहज भाव में
अपना लिया
और कहा ओह्
यह कितने ज्यादा अपने हैं,
अपने नहीं,
सत्य हैं जीवन के
फिर हम दोनों
देर तक हँसते रहे
हँसते रहे देर तक
अरमानों के मिथ्यात्व पर।

•

समय

कैसी लाचारी है
खुदा है छाती पर हमारी
चेतना के सीमांतों पर खड़ा है
मुंह बांधे
सहता हुआ आतप और
हिमवात
अनदेखा अनवरत
हमारी धमनियों में
रेंगते रक्त की गयी
की तरह
अविभाज्य, अनासक्त
अनन्त है वह अन्तर्मूत
अगर हम हैं तो समय भी है
समय है तो हम हैं
समय को बदलना एक
मुहाविरा है
उल्टे समय ही सबको
बदलता है
आगत के मार्ग भी
मील का पत्थर हो
जैसे समुद्र से उठाया हुआ

अंश मात्र
चोंच में चिड़िया के जल हो
अहसास चराचर
समय सापेक्ष है
इसलिए विगत वर्ष का
मंत्र से विसर्जन तो सम्भव है
लेकिन आगत है नववर्ष
नवागत है, उसका
गुम हो वह संघर्ष का
समय के लिए

•

किरण और दृष्टि

किसी गरूर गुहा के अन्धकार में
किरण सत्यान्वेषी को दिखाती है राह
कहाँ क्या है, कैसे है, क्यों है
लेकिन जब दृष्टि नहीं होगी
क्या करेगी किरण तब!

चलेगी देर तक बहस
दृष्टि और किरण के मुद्दे पर
हम सब टटोलेंगे हाथी के पाँव
कहेंगे पेड़ का तना है
तना ही सही
आखिर तो है वह पेड़ का पाँव ही।
इस तरह सबको एक मानना
इस तरह कुछ को कुछ मानना भी
एक दृष्टि है
किरणहीन दृष्टि।

मेरे जैसे नवोदित कवि के पास
किरण भी है
दृष्टि भी,
मालूम है अता-पता उनका

जो आँखें चुराते हैं,
करते गुमराह हैं किरण को,
दूँगा मैं सुराग
बताऊँगा सबको
कहाँ क्या है,
कैसे है,
क्यों है।

३०-१-८७

•

बात बस इतनी सी

बात छोटी–सी थी
बिलकुल नन्ही
गौरैया के बच्चे की तरह
बेजान और मरियल
उसने कहा, 'तुमने मुझे देखा
और चले गये'
'और तुमने तो जैसे कुछ किया ही नहीं,
मुझे अपनी ओर आता देख
दूसरी ओर देखने लगे
'हो सकता है मैंने तुम्हें न देखा हो'
'तो क्या यह नहीं हो सकता कि
मैंने तुम्हें देखा नहीं'
एक ने माना कि, 'हाँ,
हो सकता है'
लेकिन दूसरे ने कहा, 'बिलकुल नहीं'
बस इतनी सी बात थी
और 'बिलकुल नहीं' कहने वाली
लड़की थी...।

●

काल चक्र

मैं वहीं मिलूँगा राह में
प्रस्थान शुरू हो
बस यही कहने खड़ा हूँ
पूछ लो जाते जाते,
काँटों की, कुश की
खोहों, नदी-नालों की
दुर्गम पहाड़ों की
लुटेरे नरमारों की
उनकी भी
जो राह में अनायास खड़े होंगे
यहाँ-वहाँ
भ्रमित करते
राहियों को उनके
गन्तव्य से।
मैं ही तैनात हूँ यहाँ
कालचक्र मेरे ही हाथ में है
जाने वाले और भी आएँगे
उन्हें भी ऐसे ही भेजना है जैसे तुम्हें भेजता हूँ
उन्हें भी बताना होगा
वही होगा सब तुम्हें जो बताया है
इसलिए कहता हूँ पूछ लो जाते जाते
मैं ही बताऊँगा वह सब

जो कहीं नहीं लिखा है
काले अक्षरों की स्याह दरिया
में जो झूठ के सफेद बुलबुले
दिखते हैं, वे बस दिखते हैं
हैं फफोले
जो फूट जाएँगे और
जहरीले ज़ख़्म की तरह
रिस जाएँगे तुम्हारी नसों में
उन सर्पिल अक्षरों को पहचानना होगा
उनकी काया में रेंगते उस
दूध को जानना होगा
जिसे पीने के लिए उनकी
कलमें
नीलाम हुई थी।
ज्यादा कुछ ऐसा ही है
जो छाया है संस्कृतिरूपी
घटाटोप बादलों की तरह,
तुम्हें बहलाने के लिए, लोरियों से लेकर
मृत्युगीतों तक बेपनाह
विस्तार में तुम्हें पहचानना होगा
अपना गीत...।

पहला पत्थर

जब जब मैं
यह तय करता हूं कि, नहीं,
अब मैं तुम से कभी नहीं मिलूंगा
तब मुझे लगता है जैसे
दुनिया का पहला पत्थर
आदमी के दिल से ही बना होगा।

●

१९५२ से ५४ के बीच की असंकलित कविताएँ

कलम !

कलम ! मौन का यह कैसा व्यापार
कितना लम्बा यह तेरा श्रमहार
बोलो !
कुछ तो बोलो !!

वैसा ही तो है जीवन का प्यार
बढ़ता घटता है प्राणों का भार
बोलो !
कुछ तो बोलो !!

अब भी तो मरते हैं भूखे लोग
तन-तन में भी सोते भारी रोग
बोलो !
कुछ तो बोलो !!

फसलों पर पत्थर पानी की मार
फिर भी थमा न हल का पैना फार
बोलो !
कुछ तो बोलो !!

चमक रही बच्चों की सूखी आँख
टूट रही मैना की चंचल-पाँख

बोलो!
कुछ तो बोलो!!

फिर भी तो खिलते माटी में फूल
रवि को धुँधला देती अबध धूल
बोलो!
कुछ तो बोलो!!

बाहों को चंचल बिजली से प्यार
लड़ने की अब भी मन में हुँकार
बोलो!
कुछ तो बोलो!!

कलम! मौन का यह कैसा व्यापार
बोलो!
कुछ तो बोलो!!

२-३-५३

•

लम्बे मौन के बाद मैंने यह कविता लिखी है। इधर मैं लगातार चेष्टा करता रहा हूँ कि कविताओं में सादगी आ जाय चाहे वह कुछ हलकी क्यों न हो, इस चेष्टा की यह पहली कविता है।

खलिहान

किसान का मन खुश है,
क्योंकि खलिहान में अनाज की राशि लगी है
दोपहर को भी खपरैलों से धुएँ निकलते हैं।
अब रस-दाना नहीं, रोटी दाल की जुगत हो गयी है
यही उसकी सम्पन्नता है
क्योंकि-
पंडित, नाऊ, बारी, कहार
सभी को वह अंजली से नापकर अनाज दे सकता है।
बेटी के लिए पीली धोती,
और बीवी के लिए सिन्दूर-टिकुली ला सकता है
भाई-बंधु को भोज दे सकता है।

लेकिन जब कर्ज में
आधा अनाज उठ गया
और आधे को लगान के हवाले करना पड़ा
तो वह गरीब हो गया
उसकी आंखें झुक गयीं
उसकी कमर टेढ़ी हो गयी
क्योंकि अब वह दे नहीं सकता-
अंजली से नापकर अनाज
और बेटी को पीली धोती...
यही उसकी विपन्नता है।

१८-४-५२

धरती का प्यार

घुट रही है साँस,
तम की घोर कारा में
फँसे हैं प्राण,
मन–
आकुल, विकल, उद्भ्रान्त
जैसे उठ गयी हो,
जिन्दगी पर
एक शीशे की नयी दीवार
कितना भार
अपरम्परा
जल के बीच,
जैसे घुट रहा हूँ,
तुम सभी हो पास
पर मैं लुट रहा हूँ।

जानता हूँ
तुम बचा सकते नहीं
मृत्यु का यह
पातकी–पंजा
हटा सकते नहीं,
पर न मानो झूठ

मैं खुश हूँ
हमारी आत्मा खुश है।

इसलिए यदि हूक
मन को छेदती है
तो तुम्हारे आँसुओं की
जो हमारे हाथ से हैं दूर,
मैं मजबूर–
हूँ कितना कि उनको
पोंछ भी सकता नहीं
इस बार,
बोलना कुछ चाहता हूँ
देखना कुछ चाहता हूँ
पर नहीं
अब बन्द मेरी आँख औ' आवाज़।

हाँ, यह याद!
धरती की सुनहली याद
हृदय पर छा रही है;
भँवरें यह घूमती हैं मण्डपों में,
ताल में
कुछ धान की इन फुनगियों पर
खा गयी हैं पक्षियों की पाँत,
खेतों में खड़े हैं ढोर
बाग़ों में चहकते मोर,
ये बच्चे किलक कर
छातियों से सट रहे हैं
कर रहे हैं शोर,
धनियाँ आज नाहक क्यों,
खड़ी शरमा रही है

छमिया क्यों थिरक कर
आज सोहर गा रही है,
याद भी अब हट रही है
कालिमा भी कट रही है
यह घुटन,
तूफ़ान भी–
कम हो रहे हैं,
इसलिए यह बात।

जो मैं कह रहा हूँ
आखिरी है
औ तपी है–
रात–दिन उस आग में
जो तुम्हारे बीच अब भी जल रही है,

भूल मत जाना यह–
धरती है तुम्हारी
और तुम पर ही सदा से
छाँह आँचल की किये
बैठी रही है;
जागती दिन–रात।

इसकी साँस,
इसकी आस,
तुम पर ही लगी है।
इसलिए मज़हब तुम्हारा
है यही
आख़िरी दम तक इसे मत छोड़ना,
आखिरी दम तक नहीं मुँह मोड़ना।

●

रूसी माँ का शान्ति-सन्देश

वह भी क्या थी शाम,
गगन की स्वच्छ निलिमा-
स्वर्ण रश्मियों की नोकों पर तैर रही थी
मुदित मास्को नगरी पीली साड़ी ओढ़े
शरमायी-सी शान्त सुहागी आँचल अपना
फैलाये थी उन मानव शिशुओं के ऊपर
जिन्हें रूह की नयी अख्यायें हैं गढ़नी
जिन्हें शान्ति की नयी लड़ाई भी है लड़नी
इतने में बच्चों की कुछ प्रमुदित किलकारें
गूँज गयी कानों में,
आगे नाच उठा वह भोला बचपन,
जो दूर्वा की हरी लान पर खेल रहे थे
और कई माओं बहनों की स्नेहिल आँखें
अपलक उनकी मुद्राओं को निरख रही थी।
सड़कों पर जो नयी जिन्दगी
नये-नये अरमान-
नयी आशाएँ लेकर
नये सृजन की नयी पौध को देख रही थी
उनके उन्नत वक्ष अडिग पैरों की ध्वनियाँ
कहती थी चुपचाप
न आने देंगे तुम पर आँच

खेलो मेरे लाल सदा जी भर कर खेलो!

सोच रहा था यह धरती भी कितनी खुश है
कितना जीवन उमड़ रहा इसकी नस नस में
लेनिन की साँसें हर बच्चे की साँसे हैं
और स्तालिन बोल रहा जन जन के मुख से।
इसी बीच वह माँ
जिसके छै बच्चे, विगत युद्ध की महाअग्नि में होम हो गये
उनकी मुर्दा लाशों को माँ की आँखें भी देख न पायीं
यह अन्तिम है,
जिसे स्नेह की दीपित लव सी
लेकर अपनी शेष जिन्दगी काट रही है
पास आ गयी।
कहने लगी हमारे बच्चे
इन्च इन्च पर, हर दरवाजे, हर सीढ़ी पर लड़े
और मास्को की यह धरती–
रक्त स्नात होकर उदास हो चीख उठी थी
अपने लालों की छाती के रक्त देख
विफराकर शत शत आँसू में डूब चुकी थी
सड़कें भी थी ध्वस्त–
बिल्डिगों और खड़ी इन मीनारों की–
छायाएँ भी नहीं मिल सकी–
ईंटों की तो बात न पूछो
लान्स और मैदानों में भी गढ़े हो गये
जैसे कोई नगर यहाँ पर कभी नहीं था।
बच्चे कितने माताओं की छाती ही से–
सटे सटे सो गये तो अब तक जाग न पाये
बहनों के वीरन
वधुओं के साजन छूटे
अब तक कितनी कोखें सूनी विलख रही हैं

पर मेने मनुवों को देखो
नयी सृष्टि रच दी; धरती पर नया स्नेह लौटाया।
नये सिरे से नयी जिन्दगी का दामन सरसाया।
अब क्या युद्ध फिर होगा,
और हमारे बच्चे–
जिनकी आशाओं की बेलि
हमारे अरमानों की छाया में
फलफूल रही है–
छूट सकेगी?
यह श्रमिकों के अकथ परिश्रम से निर्मित दीवारें
क्या फिर टूट सकेगी?
संगीनों की चमक, गोलियों की आवाजें
रक्त स्नात पापी दुश्मन के पंजे,
अब रूसी धरती के पास नहीं आयेंगे
ऐटम बम की बात हमारे बच्चे,
अब से कभी न सुन पायेंगे
सुनती हूँ वह देश!
जहाँ तुम रहते हो
बहुत पुराना शान्ति समर्थक कहलाता है
इसीलिए कहती हूँ
जब तुम वापस जाना
भारत की ललनाओं से कहना
मेरा यह सन्देश—
धरती की छाती पर धरती के बेटों का
खून न बहने पाये
सारी मानव जाति एक है
युद्ध न होने पाये।

२४-३-५२

•

मैं इन्सान जो हूँ

दोष तुमने ही बताये
मेरे नहीं;
अपने ही।
ठीकरों का मोह न था
आराम का नशा न था
इसीलिए रूप
मेरे लिए केवल स्वरूप था
लेकिन तुम्हारे पाप से
प्लावित, निश्छल
आँसुओं ने
मुझे, दुःख के मोह-
और क्रोध के नशे में डुबो दिया।
अब तुम्हारा दोष,
मेरी वासना बन गया है।
इस वासना को जीने दो
सृष्टि के आखिरी इन्सान के–
सीने तक में,
इसे दर्द बन कर
कसकने दो!
मैं तो एक ईंट मात्र था
जिसे तुमने

इस आदि काल से उठती हुई
आदम-दीवार पर चुना है,
बेदर्द हो कर...
बेपरवाह होकर...
अपने पाप का इजहार करो
देखो तुम झिझक रही हो
क्या कुछ आदमियत बाकी है?
हटाओ भी...!
चुनो! चुनो!
ईटें चुनो...
(इन्सान की ईंटे)
दीवारें बनाओ
...ऊँची...ऊँची
दुनिया बसाओ
मैं इंसान जो हूँ

१०-६-५३

शाम

१

अविकल–
छनमनाती धूप का यह ह्रास
मन पर छा रहा है–
शाम का वनवास
छायायें–
मचलती, दूर होती
दौड़ती
कुछ रोकने को
हो रही निस्पन्द
पर मन में
कराहों का
लिये अम्बार,
कहना चाहती कुछ
पर बधिर दिन मान
भागा जा रहा है
और सूनी शाम
पेड़ों की टहनियों
से बिछलकर
घूमती चुपचाप
एकाकार

शून्याकार
सूनी याद
सूने प्राण,
सूने पक्षियों के गान।

२६-२-५२

२

शाम की उदासी
आज प्यासी–
डोलती
घर–
घर
डगर–
डगर,
मगर–
न पाये–
याद का पानी,
काश, मर जाती।
अब तो मन ऊबता है।

३

मैं शाम का खूनी हूँ
मुझे पकड़ लो
देखो, मेरे हाथ स्याह हैं!

१८-३-५२

●

कौन गा रहा होरी

आया फागुन जगी हृदय में आग,
पिया गये परदेस हमारे किससे खेलूँ फाग।
ऐंठ रहा तन,
भूल गयी सुधि मेरी
कौन गा रहा होरी!

टूट गया है बन्द, कंचुकी हुई पुरानी,
फिर फागुनी वायु, कर रही है मनमानी।
यह है नटखट उलट रही पट–
लाज न जाने छोरी,
कौन गा रहा होरी!

सूनी–सूनी शाम, गेरुआ वैरागी आकाश,
खाली–खाली–सा लगता है धरती का अधिवास
किससे बोलूँ, मचलूँ खेलूँ–
मन करता बरजोरी,
कौन गा रहा होरी!

१९–२–५२

•

प्रकाश का देवता

उठो सूरज की वन्दना करो!
उसकी सुनहली आँखों से
रोशनी की याचना करो
क्योंकि तुम्हारी आँखों के
तमस-मोह ने रात के आँचल को
खुमारी से भरना शुरू कर दिया है
कहीं ऐसा न हो कि
किरणें तुम्हारी अलकावलियों में
उलझ जायँ :
अरे! इसे समेट तो लो
अपने उलझे वस्त्रों पर तो निगाह डालो,
कहीं तुम्हारे मनोरथों का पर्दाफाश न हो जाय
देखो! श्वास ठीक कर लो!
ध्यान-रत हो जाओ
वर्ना सूरज के चंचल घोड़े
तुम्हारे चंचल मन की गति में
उलझ जायँगें
और संसार में कुहराम मच जायेगा
आलोक की प्यासी दुनिया
तुम्हारे प्राणों की भूखी हो जायगी
संभलो! तनिक मन को तो संभालो!
नत-सिर हो जाओ!
देखो! प्रकाश के देवता का रथ जा रहा है।

२१-८-५२

•

कलम का ईमान

पूछते हो,
कलम का ईमान!
तो सुन लो
न इसने भूख से तड़पते हुए–
इन्सान की हँसी उड़ायी,
न इसने सड़ी–गली मुर्दा लाशों–
की जेब के पैसे टटोले
न इसने बेजान बच्चों के होठों में
संगीन की नोंक खोंसी।
न इसने बेगुनाह माँओं और
बहनों की नरम सुकुमार जाँघों पर गोलियाँ छोड़ी
न इसने बाजार में नीलाम होते हुए–
इन्सान पर बोलियाँ बोली
यह तुम्हारी कलम नहीं है दोस्त!
जो खेत में काम करते करते
थक कर चूर किसानों,
भूखे–बच्चे को छाती से चिपकाये हुए–
रुआँसी माताओं,
और चीथड़ों में अधनंगी जवान बहनों–
की अस्मत की हँसी उड़ाती है।
और चुपचाप किसी ड्राइंग रूप में बैठकर,
दिमागी गंदगी का इज़हार करती है।
जो युगों से

आदमी को खुली हवा,
भर पेट खाने,
और तन के वस्त्र से महरूम करती आ रही है
जो दिमागी गुलामी की जंजीरों पर
मजबूत लोहे की चादर मढ़ती जा रही है।
जो नाहक ही इन्सान को–
गुनहगार करार देती है
और झूठी सीखों के सहारे–
उसे एक भयानक नशे में बोरकर
मुस्कुराती है।
तुम्हारी कलम का लिखा हुआ वह लेख
जिसने इस हरी–भरी
और सुहागिन धरती को
नापाक साम्राज्यवादी अंग्रेजों के हाथों बेच दिया।
जिसने हिटलर मुसोलिनी–
की तारीफों के पुल बाँधे
जिसने कोरिया की देशभक्त फौजों को
हमलावर करार दिया।
भूलते हो दोस्त!
तुमने इस धरती पर हजारों गुनाह किये
और करते जा रहे हो।
तुम्हारी कलम ही ने
गाँधी की जिन्दगी में–
गोलियों के घाव कर दिये।
और मैली घिनौनी तस्वीरों पर
सफेद खद्दर के हार डाले।
आदमी जलता रहा,
उसकी नसें भूख से चिटखती रहीं।
उसके अरमान
तुम्हारी शान के लिए–

सुर्ख तिनकों की तरह जलते रहे।
पर तुम्हारी कलम ने–
साँस तक न ली।
कहर और भूख तो उसे छू तक नहीं गयी।
क्योंकि वह मुर्दा जो है।
पर हमारी कलम!
जो इस हिमालय से–
कुमारी अन्तरीप तक–
फैली हुई सरसब्ज जमीन में पली है।
जो किसान की बहुओं के साथ–
गाती है,
हँसती है,
रोती है,
और उनकी तैरती हुई स्वर लहरियों
पर लोट-पोट हो जाती है।
जो मजदूरों की मेहनत के साथ-साथ,
पसीने से लथपथ हो जाती है
जो उनके बच्चों के साथ–
किलकारियाँ भरती है।
उनकी लाज को अपनी लाज–
समझती है।
और लुटेरों की छाती में–
गोलियों की तरह घुस जाती है।
इसे तुम बेईमान कहते हो!
तुम नहीं जानते–
कि यह सूर और तुलसी के साथ रह चुकी है।
यह जायसी के हाथ में सज चुकी है।
यह टाल्सटाय, गोर्की और रोलां–
की सखी रह चुकी है।
यह घिसती नहीं,

यह टूटती नहीं।
इसे तो जीने और जिलाने की आदत है।
इसने कराह सुनी है,
पर अनसुनी नहीं की।
इसने भूख देखी है, पर हंसी नहीं की
यह लड़ेगी,
और लड़ती रहेगी–
जब तक कि इस धरती पर
उमड़ता हुआ नया इन्सान–
उसका सहारा चाहता है।
वह धरती की पुकार है,
आसमान की उड़ान नहीं।
यह जिन्दगी की पैरोकार है,
बेजान की तलवार नहीं।

१२-२-५२

●

समर्पण

आज पथ पर
चल पड़ा रथ
दूर जाना है मुझे हे सारथी!

पर न मुझको राह से
अवगत कराओ
दूर दरिया सिन्धु के
तट तक चलाओ
या नरक के पंक में
इसको फसाओ
बस तुम्हारे हाथ ही में डोर है,
दूर जाना है मुझे हे सारथी!

लग रही सुनसान
दुनियां की डगर
लग रहे वीरान
मुखरित घर, नगर
छूट जाये तन, न
मुझको हो खबर

बस डगरिया नेह की कहती रहे,
दूर जाना है मुझे हे सारथी!
राह की अमराइयों

को छोड़ देना
छाँह का नाता
नयन से तोड़ देना
कान से बंशी सुनो
रथ मोड़ लेना
कौन जाने सुधि उठे पहचान की
दूर जाना है मुझे हे सारथी!

हर तरफ से उठ रहे
कुहराम से
प्राण के सुख, शान्ति
औ आराम से
जानकर बस
चल रही हूँ काम से
पूजना होगा नहीं अब पारथी,
दूर जाना है हमें हे सारथी!

•

आदमी

कहता आदमी कुछ और होता आदमी कुछ और
पत्थर में समायें प्राण,
प्राणों में बसे पाषाण
कोई पूजता है प्राण
कोई पूजता पाषाण
कोई समझता कुछ और कोई जानता कुछ और
बन कर आदमी हैवान,
कहता हूँ बना इन्सान
कोई भीतरी हैवान
कोई भीतरी इन्सान

बनता आदमी कुछ और होता आदमी कुछ और
कहता आदमी कुछ और होता आदमी कुछ और।

९-२-५२

●

नयी बात

यह एक नयी बात है
कि रात की खामोश जिन्दगी में भी
एक मीठा दर्द समाया जा रहा है।
न जाने क्या गाया जा रहा है!
बेगुनाहे अलमस्त तारों की मंजिल में,
रात को सजाया जा रहा है।
और चाँदनी के सुफेद फेनी चेहरे पर
झीने बादलों की चादर को फैलाया जा रहा है।
कुछ चिढ़, कुछ मोह, कुछ उदासीनता
फिर मनमाने फैसले से मुस्कुराया जा रहा है
शायद प्यार के पैगाम को लाया जा रहा है
कुछ गाया जा रहा है।

१-२-५२

सजन घर आये

सजन घर आये रे, बलम घर आये रे!
सखी मन को सभार
ले ले फूलों के हार
आँखें मिल के हो चार
दिल दिल की पुकार

मदन मन छाये रे, सजन घर आये रे!
फूले साँसों औ ढाँक
उठी होली की हाँक
रहा पपिहा पुकार
गाये कोयल मल्हार

जिया हरषाये रे, सजन घर आये रे!

२१-२-५२

•

तुम्हें भी भूल जाना है

तुम्हें भी भूल जाना है हमें भी भूल जाना है।
न जाने कौन कब से देखता है राह किसकी है।
न जाने याद किसकी है न जाने चाह किसकी है।
न जाने प्यार का कैसा भयानक यह बहाना है।।

मचलती चाह की दरिया को किसने रोक पाया है।
उमड़ती आग की लपटों को किसने टोक पाया है।
तो फिर यो छिप-छिपाकर कर आँख का कैसा मिलाना है।।

मिटी कब रूढ़ियाँ आसानियाँ कब पास आयी है।
सभी की चाह पर किसने वहाँ दुनिया बसायी है।
हमें तो राह के काँटे कुचल कर दूर जाना है।।

सुबह के आदमी को शाम की नजरों से मत देखो।
किरण की रोशनी को रात की कालिख से मत जोखो।।
वह कोई और दुनिया है जिसे हमको बसाना है।।
तुम्हें भी भूल जाना है हमें भी भूल जाना है।

२३-२-५२

•

एक होगा सारा संसार

ढूँढ़ता हूँ
बन्द हैं सब द्वार
जिनमें कुन्द लोहे की चिटखनी
भूत-सी है
दे रही ललकार
तुम उस पार
हम इस पार
फिर कुछ मन्द मन्द कटु हास
व्यंग्य की तीखी तेज कटार
कोचती मन को बारम्बार
न जाने कौन?
कहाँ से आये हों?
अन्धे,
बदकार
लौट कर देख न पाती आँख
कर रही किन्तु नयी पहचान
जमाने की
कहाँ वह रेशम-सी मुस्कान,
वहाँ वह हाव-भाव फुस लान
यहाँ तो पाँव फटे,

खुरदार
हाथ मजबूत
और चेहरे पर सूखे भाव
खुरचते धरती के सब घाव
सड़े नासूर
और मरहम यही तत्काल
किये फिर, चले खोजने घाव
न लेगे जीते जी ये ठाव
देखता हूँ
तुम सब का रोग
करूँगा जल्दी ही उपचार
न होगे बन्द कभी फिर द्वार
एक होगा सारा संसार।

२५-३-५२

•

मंजिल

बस अब आ गये
वह देख लो
मंजिल दिखायी दे रही है
होंठ सूखे,
गाल पिचके
कमर टेढ़ी
आँख गड्ढों में सिमटती जा रही है
पाँव की हर चाप में
राह की तकलीफी मरती आ रही है।
डर रहा हूँ
बैठ जाओगे,
कहोगे राह है या
मौत का पैगाम
मैं तो बाज आया
इसलिए वह देख लो कुछ दूर पर
झिलमिलाती धूप की चादर समेटे
गेहुँओं के खेत में हसिया चलाती
गुनगुनाती
और बच्चों को समेटे
याद में डूबी

तुम्हारी याद में
छविया सहम कर गा रही है।
वह देख लो
बस अब आ गये
मंजिल दिखायी दे रही है।

मानता हूँ
राह की हर रश्मियों ने
फूल पत्ते औ खगो की बोलियों ने
घाव से हैं छेद डाले
और ऐसी पीर दी है
जो तुम्हें अनजान ही में कोचती है
छीनती है राह का विश्वास
पर वह दूर देखो
शाम की गो धूलि में
लौटी तुम्हारी गाय
थन में दूध कस
तुमको बुलाती पास
वह देख लो!
बस आ गये
मंजिल दिखायी दे रही है।

अब न ज्यादा देर चलना शेष है
कुछ जी कड़ा कर लो
सँभालो साँस
सीने को फुला लो
और ले लो तुम नयी कुछ आस
देखो पास
बिलकुल पास
इस दीवार के उस पार

कोई हँस रहा है
और उसकी राह के श्रमहार में
खिल उठे हैं फूल,
पत्ते झूमते हैं
और किरणें दे रही हैं
नया प्रकाश
इसलिए सम्हलो, लगाओ जोर
वह देख लो, बस अब आ गये
मंजिल दिखायी दे रही है।

२९-२-५२

•

सन्ध्या

मेरे मीत!
मैं सन्ध्या के गीत लिखूँगा
पथ के पीछे उस निर्जन अमराई के टीले पर चढ़कर
दूर गगन की करुण लालिमा को भर लूँगा मन में बढ़कर
धरती की नीरवता नभ की शान्ति न भाग सकेगी
किससे मेरे मन की भाषा भाव न माँग सकेगी

यह जीवन की घड़ियाँ सूनी होंगी इतनी सूनी–
मेरे मीत!
मैं...
दूर क्षितिज से धीमें-धीमें बंशी स्वर आयेगा
दिन का थका हुआ चरवाहा बिरहा भी गायेगा
ग्राम युवतियाँ कलसे पनघट की ओर चलेंगी
धूल धूसरित बच्चों की किलकारें भी मचलेंगी

स्मृतियाँ पर भाव न होगी इतनी पावन–
मेरे मीत!
मैं...
कहीं अटारी के वातायन में दीपक की ज्योति जगेगी
कहीं विरह के अँधियारे में आँसू की बूँदें चमकेंगी
अलिंगन उन्माद कहीं पर कहीं धूल तूफान कहीं पर
कहीं बसेंगे प्राणों के घर, होगा पर विरान कहीं पर
फिर भी जीवन होगा इतना जीवन मेरे मीत!
मैं...

१९-३-५२

स्वर–संन्धान

स्वर सन्धान की
इस मूकता के जाल में
याद का पंछी फंसा
तन दूरियों के काल में
साँस की हर चाल पर,
कुछ गिन रहा है।
शून्य के हर ताल में,
कुछ सुन रहा है।
पर कहा वह याद वात
जिसकी याद है
सोचता, यह जिन्दगी
बर्बाद है।
चाहता है, तोड़ डालें
बन्धनों को
नोच डाले रेशमी इन
उलझनों को
अब नहीं इस देह का
विस्तार है
शून्य–सा फैला विरह–
विस्तार है
छीन ली वह शक्ति,
स्वर–शालीनता

लूट ली मन ने
स्वयं स्वाधीनता
बन्द कर लो द्वार
मेरे बन्द स्वर संधान
बीच में फैले हुए हैं
तिमिर घन तूफान।

१५-३-५२

•

मुझे उबारो

मुझे उबारो
मैं कीचड़ के बीच फँसा हूँ
मेरी साँसें
मेरा जीवन
मेरा तन मन
सब भारी है
जैसे कोई गन्दा और
घिनौना कीचड़
इन सबकी
तह तह में
कसकर ठूस उठा है
मुझे सँभारो...
अपनी कोमल गरम गदोरी से
छूलों यह पंकिल बाहें
शायद पावनता में
कोई छूत बसी हो
जो मेरे सूखे जीवन को
प्राण दे सके
जो मेरी पापी काया को
त्राण दे सके
मुझे सँवारों...

घारे निराशा में कुछ भी
रचा कार्य नहीं है
मेरे जन का–
मरे प्रण का–

अब कोई एतबार नहीं है
इसीलिए–
कोमल कुसुमों का
चिड़ियों के कलरव का
उत्साहित जररव का
कब मेरा संसार नहीं है
मुझे सुधारो...
नाहीं नुकुर करने पर
इसरार करो
जीवन भर संग रहने का
इकरार करो
गरम–गरम आँसू की बूँदें
मीठे मी़ठे अधर रसीले
बच्चों की तुतलाती बोली
शायद इस उकठे बिरवे को
सींच सके
आओ पास–
हमारे आओ
यदि विश्वास कर सको
तो अपने को हारो...
मुझे उबारो...!

७–६–५२

●

सत्य

सत्य पाप मय है,
तो भी वह व्यक्ति-बोध की सीमाओं को,
साहस और समर्पण की
निर्धूम-आग से निसृत होकर
औषधि बनकर
छूता ही है,
चाहे रोग कटे, चाहे रुक जाये
यह तो रुग्ण-हृदय की अपनी अलग बात है।
फिर भी उस कालिख में
पुंजीभूत-ज्वाल का,
तेज निराला है, जो कम-से-कम
पल ही भर को
दिव्य सुरसरी के जल-सा
आँसू ला देता,
दर्पण-सा तन-मन धुल जाता
जिसमें मन का रूप
झलक जाता क्षण भर को
जो बन्दी है,
जिसे ढूँढ़ता धरती पर
इन्सान मर रहा।

२९-६-५२

•

उस दिन जब तुम गयी

उस दिन जब तुम गयी
प्यार की बातें कितनी हुईं?

तुमने जाते समय कहा था पत्र लिखूँगी
तुम भी लिखना रोज, डाक का पथ देखूँगी
आशाएँ तुम पर ही मेरी टिकी हुई हैं
हर सासों में याद तुम्हारी बधी हुई है।

मुसकाई–सी फोटो देकर
शरमायी सी सूरत लेकर...
उस दिन जब तुम गयी
प्यार की बातें कितनी हुईं

धूप बहुत होती है इससे बचकर रहना
माँ से मेरा प्यार भरा अभिवादन कहना
तबियत भारी हो तो फौरन खत लिख देना
'विद्यालय के साहब से है मुझको मिलना'

बातें से मधुरस वर्षा कर
तन मन को पुलका हर्षा कर...
उस दिन जब तुम गयी
प्यार की बातें कितनी हुईं।

तुम्हें देखेने की होगी इच्छाएँ जब जब
नयन पसरूगी मैं इसी दिशा में तब तब
चुपके से हँसते हँसते प्राणों में आना
आँख मिचौनी करना, ढूँढ़ूँ तो छिप जाना

आँसू के बादर बरसा कर
अरमानों की राह सजाकर...
उस दिन जब तुम गयी
प्यार की बातें कितनी हुईं।

आज बहुत दिन पर जब ज्वर से फुरसत पायी
तारों के उत्तर में तेरी पाती आयी
दादी के जुखाम की चिन्ता तुम्हें सताये
मेरे मन के अन्धकार को राह बताये।

नारी की लाचारी बन कर
द्रुपद सुता की सारी बन कर—
उस दिन जब तुम गयी
प्यार की बातें कितनी हुईं।

२-७-५२

सपने तुम्हारे थे

(रचनाकाल १९५२–५६)

प्रस्तुत संकलन में मेरी '५६ से पहले की प्राय: सभी कविताएँ दी गयी हैं। कविताएँ चुन कर देने अथवा इसे प्रतिनिधि संकलंन बनाने का प्रश्न मेरे सामने नहीं उठा। मैं कभी–कभार फुरसत के समय ही इस माध्यम पर सोच पाता हूँ। इसलिए इतनी थोड़ी कविताओं में बराव–बिलगाव की बात ही नहीं उठती। हाँ, '५६ के बाद की कविताएँ जान–बूझ कर नहीं दी जा रही हैं। प्रस्तुत संकलन के साथ कवियों की लम्बी पाँत में खड़े होने की इच्छा भी मेरी नहीं है। इसे कृति–कर्म के एक सहज परिचय के रूप में स्वीकार किया गया तो मुझे विशेष प्रसन्नता होगी।

मार्कण्डेय

मैंने उस नेह को
दुलारा है,
उस आकाश को
छुआ है,
उस कल्पना को
स्वीकारा है,
जो सहज नहीं,
शील नहीं;
विष है....

अरे मेरी अंतरंग,
तुमने यह क्या किया!
इन अधम पुत्रों की सुखी दुनिया में
विष का अधिकारी तो केवल मैं था
—जरा और जन्म से मुक्त....मैं!

•

बालू का पथ

ये सिकता के खंड
उमड़ आएँगे,
तेरे पद-चिह्नों को
धूमिल कर जाएँगे,
फिर पथ का निर्माण
हमें ही करना होगा,
फिर जीवन में प्राण
हमें ही भरना होगा,
जाओ, मोह न मानो
धरती बहुत बड़ी है,
बालू से माटी की छाती
सचमुच बहुत कड़ी है।

२०-३-५२

•

जीवन

मात:
तू प्रसूता है
जरा को जन्म, जन को प्राण देती है,
सकल बंधन व्यथा को
शून्य के परिमार्जन के सूत्र में कस कर,
सुघर कर, दीन दुनिया को
नया उत्थान दे कर
तू सजग इन्सान की
 मीनार गढ़ती है;
नयी पूजा, नयी आराधना के अगम पथ को
स्नेह, ममता, मोह का पाथेय दे कर,
गम्य हृदय, स्थूल रूप
ध्यात मनसिज की अजस्र प्रवाहिनी से
मनस् के गतिमय विसर्जन का
सजग विश्वास भरती है,
और वसुधा के लिए तू
अस्थि–मज्जा पंचतत्व प्रभूत
नव बलिदान करती है :

धूप, धरती, वायु, जल, आकाश,
सब हैं एक बंधन में बँधा,
सबकी नियत है चाल,

'फिर हम हैं कहाँ!' सब लोग कहते हैं,
'हम तो एक निश्चित रूप के निर्माण,
पथ-पाथेय सब हैं झूठ
बंधन ग्येय, बंधन श्रेय, बंधन प्रेय
ओ पयश्विनी! यह जन्म क्या अभिशाप!
मिथ्याचार, भ्रम, माया, दुसह व्यभिचार!
मंदिर के बुहारी!
या कि प्रतिमा के ममार!'

तपस् हम सब पूत तेरे
जीर्ण-अर्जित नियति के प्रतिकूल,
दुख से पूर
तमसावृत निशा में
एक धूमित आग-जिज्ञासा लिये नत शीश
पथ की धूल दोनों मुट्ठियों में ले
समझते पा गये हम जन्म का प्रतिदान;
पर हम व्यग्र हैं
यह व्यग्रता दुख की
हमें उस लक्ष्य की संरक्षता देगी,
सजग हम राह से हट जायँगे
व्यवधान टूटेगा, छटेगा मोह,
फिर स्रोतस्विनी-सी बह चलेगी
मानवी संसृति,
जननि, जीवन जीव का तात्पर्य होगा,
अभी तो धूरियों में घूमता रथ-चक्र है।

•

याद का सरसिज

कहीं शतदल–सी
सलिल के नील उर पर
खिल उठी थी मधुर स्मिति में
सलोनी याद
तब तुम थीं, तुम्हारा प्यार था !

कुछ घटा फिर नीर,
नीरज की सलोनी नाल में,
जागी हरी आभा तुम्हारे प्यार की,
किरण ने चूमा,
सुबह ने थपकियाँ दीं,
शाम के आगोश ने
 कस कर तिमिर की बाँह में,
झकझोर डाला, मोड़ डाला;
तब तुम्हारी देह थी, तुम थीं।

अब हवा है सर्द,
पानी की सतह
जम कर हुई है बर्फ,
ऊसर भूमि पर
जैसे जमी हो चाँदनी की पर्त,

सूना है सरोवर,
सलिल की है कोख सूनी
याद का सरसिज खिले क्यों,
जब तुम्हीं हो
और अपनी याद है !

•

मनमुटाव

आओ, तनिक खड़े हम हो लें
नदी किनारे,
देखें अपनी छाया
मचल-मचल कर लहराती,
मिलने को आतुर
शायद टूटा नेह
नीर यह जोड़ सके,
दो रुख की परछाहों को
यह मोड़ सके।

२०-३-५२

•

राह तो चलती रहेगी

प्रात की अलमस्त
एकाकी किरण-सी
जो उतरती ढाल पर
पर्वत शिखर के
ढँक उठी हो झोंप में
मृदु पल्लवों से
और उस पर एक मैं ही बढ़ रहा था
राह ऐसी थी हमारी;

पर उतर आयी कहीं से साँझ
अलसाये नयन,
मृदु हास, मोहाछन्न तन!
छू कर सुमन-पाँखी अँगुलियों से
दिया सिहरा!
तब समझ पाया नहीं कुछ,
और वह कहने लगी,
'रुक साथ मैं दूँगी तुम्हारा दूर तक
जब तक चलेगा राहियों का नाम!'
तब बोलना मेरा नहीं था,
और का था,
अब डोलना मेरा नहीं है
और का है!

फिर उठी जो साध,
उसमें साथ चल कर
टूट जाने का बड़ा था चाव :
किन्तु स्वीकृति मिल गयी
जब भाव को,
चाव कट कर हट गया
पथ छोड़ कर वीरान;

अब हमारी डगर है, हम हैं,
डगर का साथ
पूर्वा से नियति की है हमारा,
फिर उठी जो साध,
उसमें साथ चल कर
टूट जाने का बड़ा था चाव :
किन्तु स्वीकृति मिल गयी
जब भाव को,
चाव कट कर हट गया
पथ छोड़ कर वीरान;

अब हमारी डगर है, हम हैं,
डगर का साथ
पूर्वा से नियति की है हमारा,
फिर कभी जुड़ जायेंगे
टूटे हुए जन,
साँझ-सा कोई नया राही मिलेगा,
राह तो चलती रहेगी।

२९-९-५२

•

रोड़े

ये पथ के रोड़े हैं
इनकी बातें बहुत बड़ी हैं,
ऊपर से चिकने
पर इनकी छाती बहुत कड़ी है,
कितनों को मंजिल से रोका
कभी नहीं पछताये,
फिर भी अपनी आदत से
अब तक ये बाज न आये;
इनकी साँसे तोड़ न देना,
ये पत्थर के टुकड़े,
इन पर टाँकी मारो!
खून, पसीना, आँसू दे कर
इन्हें सँवारो!

२३-२-५२

विधुर वसन्त

बहुत दिन पर
तुम्हारे पत्र को फिर से
पढ़ने की लालसा
मन में जाग उठी है,
मैं टेबुल का कोना-कोना
ढूँढ़ चुका,
आलमारी के कागजों में
निगाह दौड़ा चुका,
बक्स के कपड़ों की तहें
बिगाड़ चुका,
पर वह नहीं मिलता;
ऐसा नहीं कि उसे
मैंने खो दिया है,
बल्कि यह कि,
वह कहीं मेरे मन
और मेरी आँखों के बीच
उलझ गया है :
मन में तुम हो
और आँखों में
वसन्त की यह चाँदनी,
जो मेरी खिड़की के बाहर
खड़े शहतूत की ओट से

निरन्तर झाँकती रहती है;
लेकिन मैं उसे नहीं देखता
मैं तो तुम्हें देखता हूँ–
मैं वसन्त को देखता हूँ,
मैं अन्त को देखता हूँ।

१८-३-५३

•

वसन्त समाचार

वसन्त का कवि मर गया,
दुनिया के इन्सान
बड़े दुखी, बड़े त्रस्त हैं;
क्योंकि चाँदनी का वस्त्र,
समीर का खाद्य,
फूलों की मदिरा,
और निष्क्रिय जीवन का
प्रकृति–प्रशासन
उन्हें अब कौन देगा!
ऋतुराज उनके हाथ से
निकल गया!
दुनिया के हैवान बड़े खुश हैं,
वसन्त का कवि मर गया

२०-३-५३

दिवास्वप्न

यह डगर, घर, गाँव,
हँसते नयन, सुख की छाँव,
सब लगते मुझे सुनसान
जैसे सिन्धु हो वीरान
उतरे ज्वार का-सा-
और उसका खार,
रह-रह कर विगत फूत्कार
मन के दुखे तल को
कँपा दे दर्द से,
और चढ़ते ज्वार का हर क्षण,
सुखद नव रश्मियों-सा
बाँध लेता है सुनहले स्वप्न में...
-ओस-सिंन्चित पारिजाती
पांखुरी-सा गात,
सावन की हवा-सी लोच,
औंधे मुँह पड़ी थी
डाल से टूटी हुई मधुमालती ज्यों,
'क्या हुआ, यह हो गया क्या?'
'कुछ नहीं, इससे तुम्हें क्या,
जा रहे, जाओ!'
न पाया बोल,
मन का भाव तुमसे खोल!
थी बहुत ही पास तुम,

जैसे समझ मधुमास
कोई बल्लरी द्रुम-डारियों में
फँस गयी हो,
और उसके सुमन आँसू से ढरक कर
चूमते हों चरण तरु का

•

मुक्त नागरिक

मुझे तुमने सीपियों में देखा है,
नीली जल राशि के
सुहाने, नव रंगों में,
सूर्य की प्रताड़ित
सतरंगी लघु किरणों में
तीराक्ष, चंचल चंचरीक के घेरों में
जल की अतल गहराइयों में :
नहीं देखा तुमने किन्तु
टूटी चट्टानों की
शोख, शमित धारों को,
जो कभी छवि-मण्डित
हिम शिखरों-सी थीं
लेकिन वे टूट गयीं
प्रबल जल-प्लावन ने
खंडित उन्हें कर दिया,
भर दिया रग-रग
मधुर स्पर्शों से,
शीतल थपकियों से
कणकण को निर्मल निखार कर
पैना मुझे कर दिया :
इसलिए जागृत हूँ,
टूटा हूँ,
लेकिन समादृत हूँ,
आऊँगा,
तट का अभिलाषी मुक्त नागरिक हूँ।

एक दिन

आँख भर आयी
अचानक राह पर देखे कमल के पात
सूखी पंखुड़ी,
पद-चाप उन्मन आदमी की,
और पूछा भी नहीं,
'हैं आप?'
पथ आगे गया,
पग-धूलि तो थी!
कमल के पात,
सूखी पंखुड़ी तो थी!
पर निगोड़ी आँख ने
धोखा दिया,
झूठ ही परछाँह को देखा किया,
स्वप्न था, टूटा,
अभागी नींद कट आयी
आँख भर आयी

१४-११-५२

•

चींटी, ततैया और इन्सान

जेठ की तपती-तड़पती धूप,
ओरी के तले की छाँव
खस की टट्टियों से चू रहे जल-बिन्दु
परिचर्या-निरत, काले-कलूटे, दास बालक की
लगन के तुहिन-तम परिणाम,
थकन-उमस-ऊब-तन्द्रा से विवश,
जो ले रहा है झपकियाँ :
चींटी-ततैया साथ, दोनों मौन
प्यासी, डोलतीं, उड़ती, सरकतीं,
पास आतीं हैं, बुझाती प्यास
डर कर सिमटती हैं,
भूल पाती है न लेकिन धूप का यह त्रास :

अन्दर जूतियों की खटपटी आहट
अनंतर मौन का विस्तार
फिर फुफकार
फिर फटकार–
'सुअर सो गया है!
कान गरमाओ, लगाओ लात
खास की टट्टियाँ सूखी पड़ी हैं,
हवा कितनी गर्म-सी आने लगी है...!'
तनिक हट कर

क्षुब्ध चींटी
ततैया संतप्त
दोनों कर रही थीं बात–
'क्या यह आदमी था?
जो हमारे साथ यों बैठा हुआ चुपचाप,
बेबस ऊँघता–सा, तप रहा था,
और बेअन्जाम,
अपनी जाति ही की खा रहा था लात;
–मैं तो काट लेती!'
'मैं तो बीन्ह लेती!'

२७–२–५२

•

मौन

आराधना का मौन :
जैसे साँझ की मुरली मधुर बजती,
उखड़ती बज्र–सी धरती,
रम्हाते गो–पदों के चिह्न में
लिख दे कहानी मोह की,
आह, तेरे छोह की
ऐसी कथा है,
और मेरे मौन की
तैसी व्यथा है।

१३–११–५२

●

तुम्हारी याद

यह सलोनी चाँदनी, यह हवा, यह अभिसार,
याद मुझको आ गया, खोया हुआ संसार।
ओह, कैसा मोह था, कैसा अनोखा प्यार,
देख कर जिसको नियति भी मान जाती हार।

तुम सजल पलकें पसारे खोजती थी साँस,
स्वप्न-से बीते क्षणों में, वे अनेकों माँस।
तिमिर पारावार में गाये गये वे गीत,
डूब थी जिनमें, नहीं भाषा, नहीं संगीत।

दूर से कितने सभी कुछ आ गया है पास,
जग उठी है प्राण में सोई हुई वह बास।
आज हँसते फूल यह, फल यह, धारा के प्यार,
माँगते मुझसे निरे अस्तित्व की झंकार।

मैं क्या दूँ इन्हें, क्या दूँ इन्हें, क्या प्यार,
क्या गीत, क्या स्वर, क्या नया संसार!
मेरे स्वप्न भी तो दीन मछुए के बिछाये जाल,
मेरी बाँसुरी में फूँक का ही पड़ गया है काल।

वंचना का दुर्ग यह, गतिरोध की दीवार,
प्राण मेरे छीन कर, सकती न मुझको मार।
मैं रहूँगा विश्व के तम में जलन के साथ,
मैं उठूँगा एक दिन विश्वास धर कर माथ।

जनवरी १९५४

•

पिता हूँ, क्षेम कर्मा हूँ

कैसे कहूँ मन की
तन की जब सुधि ही रही नहीं,
जैसे सब स्वप्न-सा बीत गया,
रीत गया धार में-
मुट्ठियों के बालू-सा :

तुम्हें प्रति-रंगों की बातें तो मालूम हैं,
सुनी हैं कनक-किलकारियाँ भी बच्चों की
मैं भी सुनता हूँ, मित्र!
चाहता हूँ
खेलें ये, हँसे ये-
हँसते रहें युग-युग तक,
जुही की पंखुड़ियों-सी
इनकी दँतुलियाँ-
धरती को ज्योर्तिमय करती रहें;
लेकिन फिर डरता हूँ,
मेरी कामनाओं का रीता घट,
मेरी आकांक्षाओं का सूखा तट
अशुभ है,
इसीलिए सिर्फ मैं-
चाह का मीमांसक हूँ,
कर्ता नहीं,
पिता हूँ, क्षेम कर्मा हूँ।

●

संताप

घट गया दरिया,
कगारे कूल के बाये खड़े हैं दाँत,
प्यासे हैं, थके हैं,
पास का पानी उतर कर दूर
सिकता के रुपहले हास पर
चुपचाप समगम बह रहा है;
मस्त, मदमाती, उमगती
शोखियों के दिन,
सनेही लोग,
टूटे-से, भ्रमे-से देखते हैं,
और तुम प्रज्ञस्थ तटिनी में
सुकोमल, तपस्, शेफाली सरीखी
बह रही चुपचाप,
तट है दूर,
पर तरिनी तुम्हारे मनस् का संताप।

२५-९-५२

●

कुछ और

साध लो उर की अनोखी शिन्जनी
कुछ और,
मनसिज की प्रत्यंचा कान तक
कुछ और, हाँ, कुछ और तो खींचों!
न सोचो टूट जाएगी धनुष की डोर;
उभरे और मन का मोह,
ऐसा मोह, जिसमें सृष्टि का संसार फिर खो जाय,
कुछ हो जाय ऐसा फिर कि जिसमे
राग का अभिसार भी सो जाय,
तन का कलुष भी धो जाय
जिसमें जीव का अभिमान बैठा है;
भूल जाओ का अभिमान बैठा है;
भूल जाओ मानवी भाषा, बहुत संकेत,
आँखें सिक्त, बाहें लिप्त
जैसे सुबह की खोई किरण अनुरक्त
किसलय की सुनहली वीथियों में,
चेतना के तन्तु मन के पास से तोड़ो!
न हो आसक्ति; कोई भक्ति,
तन को और खोलो!
उधरे तप्त तन की कोर
जैसे शीत में रवि की सुनहली याद;
जैसे राहु को ग्रस ले अधूरा चाँद
भेदो और, मन को और भेदो!

बाँधों और कस कर बाँध लो
दृढ़ फाँस में, प्रतिकार की उस नागिनी–सी,
जो न जाने दर्द की सीमा,
न जाने मोह की महिमा,
तोलो और, तन को और तोलो!
खोलो प्राण, तन को और खोलो!

२२-१०-५३

•

मिथ्या

तेरा रूप देता खोल–
मिथ्या बोल की हर पोल;
पर यह बोल भी आराधना है,
झूठ की भी एक अपनी साधना है,
तथ्य का वह रूप भारी झूठ है
जो पुरातन है, निरा ही ठूँठ है
लाभ उसका आदि,
मिथ्या अहं उसका अन्त है,
युग-युगान्तर से बनाता
आदमी को संत है,
पर तुम्हारे झूठ में है,
आदमी की चाह,
उसके भाव की, मन की
नयी परवाह,
इसलिए तू बोल,
अमृत घोल!

२५-३-५२

•

छायानट

आया था घाट सँझलौके में,
देखा नट छाया का
खेल रहा होली था रंगों की;
पास ही तलैया की बँसवट में
मीत–सी सुहाने बोल
मैना एक बोलती थी,
गागर की बकझक में
खोई–सी रोई–सी आँखें दो
हेरती थी लहरों पर
बीती कहानियों को :
सोचा कुछ बोलूँ
कुछ खेलूँ, कुछ रार करूँ,
पर वह अवधूत नट माना नहीं,
गागर के बोल पहचाना नहीं,
फेंक कर सुनहरे पर काला रंग भाग गया,
कौन कहे व्यंग्यों की;
आया था घाट सँझलौके में
देखा नट छाया का
खेल रहा होली था रंगों की।

•

कल्पना का लिखित यक्ष

दिन पर दिन आये
पर रुके नहीं चले गये,
चाहा कुछ बोलूँ, कहूँ कागज से,
सुनो मीत!
मेघ पर प्रतीति नहीं आज के जमाने में,
जाने किस कोठरी में घुस जाएँ,
जाने किस मुडेर पर बैठी तन्वंगी को
छेड़ बैठे–नटखट है :
कवि का वह मेघ रहा होगा कोई साधु ही,
या भोंड़ा, विश्वासी मीत,
आज की भाषा में बुद्धू कहेंगे जिसे;

कल ही तो होटल में पहुँचा था
कहता था, खोज–खोज हारा हूँ
कहते लोग, 'प्रेमी थे' दुनिया ही छोड़ गये
विष की औषधि से रोग मुक्त हो ही गये;
दिन पर दिन आये,
पर रुके नहीं, चले गये
दूर, बहुत दूर, फिर जाने कब आएँगे!
लेकिन वह कागज़ या मेघ का ही टुकड़ा था?
जाना नहीं,
छल को पहचाना नहीं;

सोचा, कुछ लिख कर भेजोगी उस पर ही,
मेघ कहाँ पाओगी,
बच्चों के हाल-चाल
पेट की बीमारी की बात कैसे कहोगी?
इसीलिए सोचता हूँ–
मैं तो कालिदास नहीं,
मेघ-सा भी दूत नहीं मेरे पास,
और न ही विरह-दग्ध यक्षिणी जो–
डूबी हो ध्यान में हमारे ही,
शिशिर के पाले की मारी उस कमलिनी-सी
सूजी हों आँखें
और सूखे हों होंठ गर्म साँसों से;
काले, रूखे बालों की लटें कहाँ!
हवा कैसी उड़ें जो–
और मुख-चन्द्र छिप जाए ही;
कहाँ वह उपमा की तीक्ष्ण शक्ति
जिससे कहूँ कि तुम जब घेरते हो,
चाँद का भी वही हाल होता है;
मैं तो शाप ग्रस्त हूँ–
यक्ष हूँ...
कवि की ही कल्पना का लिखित यक्ष
शाप ग्रस्त...!

मैं तो कालिदास नहीं!
तुम तो मुखर कुछ होगी ही,
रोज़-रोज़ कालिमा से पुता मुख,
दिन भर की घुटन और थकन से सूखा मुख,
जैसे कुछ और थक जाने को
सूखी इन धमनियों को और भी सुखाने को
चिचुके-सा चूस-चूस फेंका है

गहरे अंधकार में
बिस्तर की आड़ में

फिर वह अवसन्नता, वह थकान जो–
तोड़ती है देह को,
मधु की उन मक्खियों को–बच्चों को
नोंच–नोंच फेंकते भी देखा है!
मेरे पास आसव नहीं,
मदिरालस आँखें नहीं,
केसर, अंगराग और दास दासियाँ भी नहीं
पंचर है ट्यूब और टायर फटा हुआ,
तेरी फटी धोती का किनार चढ़ा झोला है
मैं तो शाप ग्रस्त हूँ,
यक्ष हूँ
कवि की ही कल्पना का लिखित यक्ष :
मुझको भी मेघ मित्र घेरते हैं,
अपनी बलिष्ठ काली बाँहों में
कस–कस कर पेरते हैं,
मौन किन्तु,
...महुए का खड़ा पेड़ सूख गया–वज्रपात!
बालक स्कूल से जो लौटे थे नहीं रहे–
खड़े थे उसी के नीचे,
गर्जन की डर से नहीं,
मेघ की प्रतीति से हो—
बालक वे नहीं रहे।
सारा घर डूब गया–
वन और प्रान्तर सब,
दीवारें धसक गयीं,
फिर भी ये गुच्छों से—
विषधर भौंरों के गुच्छों-से

खिड़की की छड़ ही से लिपटे हैं
बीधेंगे कोसी की छाती में
गंडक के, गोमती के, गंगा के
रक्त में भरेंगे विष,
भूल कर पवन प्रभाती-स्वर
भैरव वे गाएँगी,
डाइनों के अट्टहास गूजेंगे
काल के कराल शर छूटेंगे
–गुच्छों-से खिड़की की
छड़ ही से लिपटे हैं–
बन्धु हैं ये यक्ष के नहीं,
कालिदास के,
मैं तो शाप-ग्रस्त हूँ–
यक्ष हूँ
कवि की ही कल्पना का लिखित यक्ष!

मेरा मन टूटा है,
शीशे के टुकड़ों-सा फूटा है,
जुड़ेगा नहीं जो–मैं जानता हूँ
फिर भी मनमाना उन टुकड़ों से खेलता हूँ,
चुभता हूँ,
–रक्तश्राव, सिहरन, कुछ नयी टीस
दर्द की अनोखी, अपरिमित अनुभूतियों में
डूब-डूब चुभता हूँ;
मैं ही वह शाप-ग्रस्त यक्ष हूँ,
जिसे तुमने बाँधा नहीं लौह जंजीरों से
मोटी, काली, भयावह, दुर्निवार...
देश और काल की सीमाओं से भी नहीं,
हवा और पानी से भी नहीं,
तन की अनुभूतियों के शीशे के टुकड़ों से

जो है कभी चुकता नहीं
नये-नये शीशों के और बहुत छोटे चूर्ण
आ-आ कर रोज जाने कहाँ से गड़ते हैं
रिसते हैं, पकते हैं—
तभी कोई नया-नया टूटता है
नया घाव करने को;
मैं तो कालिदास नहीं,
यक्ष हूँ
कवि की ही कल्पना का लिखित यक्ष

•

तुम्हारी रात

नींद भर आयी नयन में,
साँझ चढ़ आयी गगन में,
प्राण, अब इन झिलमिलाते तारकों में
ढूँढ ले तेरा सितारा कौन है!
'...मेरा सितारा मौन है!'
'झूठ, वह क्यों मौन हो,
पास तुम यह कौन हो,
तारकों की पाँत झूठी बात है,
मानता हूँ यह तुम्हारी रात है,
बाँह में यह चाँद मेरा कस उठा है,
कौन जाने, कौन है या मौन है।'

•

मेरे खेवइया

तीर न लाओ नइया,
मेरे खेवइया!
अभी तो लहरों के थपेड़े
और विनाशक वायु का वेग भी नहीं देखा,
अभी तो पाल की रस्सियाँ भी नहीं टूटीं,
अभी तो चीखें भी नहीं फूटीं मलाहों की
फिर उकता क्यों गये
मेरे खेवइया
तीर न लाओ नइया!

भँवर में फँस ही जाने दो एक बार,
चकरा कर टूट जाने दो पतवार को,
उभरने दो अपने माथे पर कुछ श्वेद-बिन्दु
तब ढूँढ़ेगे जल का पार–
मेरे खेवइया,
तीर न लाओ नइया!

साँसे डूब-डूब कर लौटें
और आशाएँ टूट-टूट कर जुड़ें,
देखें किनारों पर खड़े लोग भी—
मेरे खेवइया,
कि होता है कितना मँहगा जिन्दगी का प्यार!
कुछ तो कर लो जल-थल की पहचान–
मेरे खेवइया,
तीर न लाओ नइया!

•

प्रकाश का प्यासा

हल खिलने वाला फूल,
हर चुभने वाला शूल
प्यार है।
हर घुटने वाली साँस,
हर मिटने वाली प्यास
हार है।
हर हँसता आदम जात,
हर गिरता पीला पात
आशा है।
हर उठती नभ की धूल,
हर ढहता सरिता कूल
क्रान्ति है।
हर प्रेमी की आस,
हर कैदी की साँस
बाधा है।
हर बंधन की आग,
हर मानव की माँग
पूजा है।
हर बातों की तोल,
हर सौदे का मोल
कृपा है।
हर श्रम का दुर्वासा,
हर प्रकाश का प्यासा
मित्र है।

●

विष

उतरती साँझ की छाया
तितिक्षा–मोह,
मन की अलस
तन्द्रा की बिखरती रेख,
मटियाहे सँपोले–सी सरक कर
छू चुकी थी प्राण;
विष की नीलिमा
शत–शत मुखा हो कर
निरंतर काल को काली लटों में
होश की अन्तिम कड़ी को
बाँधना ही चाहती थीं,
पर तुम्हारे शब्द
सहमे–से, झुके–से
बन्धनों के बीच फाँसों में कसे–से
टूट कर आये, 'सुना नाराज हो!'
'नाराज मैं?'
देखा निमीलित नयन की कोरें
पुलक अभ्यर्थना के आँसुओं में
डूबना ही चाहती हैं,
'नहीं...नहीं!'
और फिर विष ने लिया विष सोख,
खारा स्वाद होठों में,
बिखरते बाल बाहों में।

१०–६–५२

सपने तुम्हारे

अभी-अभी जीवन के सपनों को
उलट-पुलट देखा है,
मन से पूछा है
कहा है कि :
कौन-सी वह चाँदनी थी
उस दिन,
जो धुली हुई चादर-सी फैली थी,
कौन-से सितारे थे
गुप-चुप जो बोले थे
हँसे थे,
ईर्ष्या से, डाह से
नीले, हहाते हुए सागर में कूदे थे,
कौन-सी वह धरती थी
अंक-सी जिजीविषा थी,
कौन-सी लुनाई थी
बाहें जिसे पाने को रह रह हहाती है!

मौन वह सुनता रहा,
जैसे कुछ गुनता रहा,
फिर मैंने पूछा,
कहा कि :
कुछ बोलो भी,

आज बस तुम पर ही जीना है,
तुम्हीं को सँजो कर
इस जीवन की थिगली को सीना है,
बोलो मित्र, कहो कुछ!

पर वह अनजाना-सा
रहा दुख माना-सा
ऐसा उदास,
जैसा मरी हुई मैना का पिंजर हो;
मैंने उठाया उसे, सीने से लगाया—
चूमा, दूलारा
कुछ उसकी पुरानी प्रिय बातों का
अभिनय किया;
चाहा उसे बाँहों में कस लूँ
पर वह मन था, मेरा ही
अट्टहास करने लगा,

कहने लगा :
जागो यह सवेरा है
हाथ-मुँह धो लो, कुछ काम करो!
सपने तुम्हारे थे, वे,
मेरे तो साथी हैं,
देखो मैं कैसे जी लेता हूँ।

रात का मसीहा

हर रात को
जब पीपल की पत्तियाँ
प्रेत की फूँक से सहम कर
खड़खड़ा उठती हैं,
जब फूल भय के पसीने में भीग जाते हैं,
जब फल थरथरा कर डालियों से चू पड़ते हैं,
जब रात साँसों के डोरे बीनने लगती है
जब जानवर जम्हाइयाँ लेने लगते हैं
तब मसीहा भूँकता है :

बड़ा साहसी है,
जैसे पत्थर का कलेजा है उसका,
और इसीलिए तो वह इन्सान से ऊँचा है;
इस कमजोर कलेजे वाले आदमी पर,
उसके सहमे हुए तन पर,
टूटे हुए मन पर,
उसके खंडित विश्वासों पर
टूटे हुए तार की आवाज़-सी साँसों पर
उसकी रात-सी खामोशी पर
उसकी जानवर-सी सीधाई पर
मसीहा हँसता है!
हर सुबह,

जब कमल के होठों में
भोले बालक–सी मासूम हँसी
बिखर जाती है,
जब किरण नये रास के साथ
सुनहरे नूपुर–बाँध लेती है,
जब फल जवानी के रंग में महक उठते हैं
जब सबेरा भौरों के पंखों पर गुनगुना उठता है
जब गायें थनों में दूध कसे रम्हाने लगती हैं–
तब मसीहा डरता है :

बड़ा कायर है
युद्ध से भागे हुए सिपाही–सा दिल है उसका,
और इसीलिए तो वह इन्सान से छोटा है
इस मुट्ठियाँ बाँधे चलने वाले आदमी पर,
उसकी फल–सी महक पर,
फूल–सी हँसी पर,
उसकी चिड़ियों जैसी चहक पर,
उसके सुबह से जागरण पर,
मसीहा रोता है,
क्योंकि वह–रात का नौकर है।

●